LES FRANÇAIS ET LE SPORT

Bâtir une nation sportive, le défi français

Éditeurs : Angélique Dufour et Vincent Pichon-Varin
Conception graphique : Franck Desplats
Fabrication : Axelle Hosten

Vous pouvez consulter notre catalogue général
et l'annonce de nos prochaines parutions sur notre site :
www.cherche-midi.com

92, avenue de France
75013 Paris
serviceclients@lisez.com

Louise Le Borgne & Pierre Rondeau

LES FRANÇAIS ET LE SPORT

Bâtir une nation sportive, le défi français

Dessins Arnaud Nebbache

SOMMAIRE

31 30 29 28 27 26 25 24 23 20 18 17 16 15 14

PARIS
2024
PARIS
2024

FRANCE, TERRE DE SPORT

La tenue des Jeux olympiques en France en 2024 a placé le sport et la pratique sportive au cœur de l'attention médiatique durant plus d'une année : émissions radiophoniques, journaux, livres n'ont cessé de revenir sur l'histoire de cette compétition et sur le suivi de son organisation, ainsi que sur les bienfaits et la nécessité d'une pratique sportive. Parce que les Français ne seraient pas assez actifs, parce que la sédentarité, l'inactivité et l'oisiveté auraient pris une place inquiétante dans notre pays, le gouvernement a fait du sport une grande cause nationale et a lancé une opération visant à inciter les Français à bouger trente minutes par jour.

Toutes ces actualités nous ont amenés à nous interroger sur la relation que les Français entretiennent avec le sport. Leur pratique, leur amour pour certaines disciplines, en tant que pratiquants ou supporters, les valeurs sociales et culturelles qu'ils leur attribuent.

EN FRANCE, ON FAIT DU SPORT !

« Les deux tiers des Français de 15 ans ou plus ont une activité physique ou sportive régulière en 2020[1]. » Si l'on compare ces données avec celles de l'Organisation mondiale de la santé (OMS), qui précisent que « près de 30 % des adultes et 80 % des adolescents ne pratiquent pas une activité physique suffisante à l'échelle planétaire[2] », nous sommes largement au-dessus de la moyenne. Cocorico !

1. « France, portrait social », Insee, édition 2022.
2. Étude citée par Régis Juanico, dans *Bougeons ! Manifeste pour des modes de vie moins sédentaires*, Fondation Jean-Jaurès, L'Aube, 2023.

« Au total, 65 % des personnes de plus de 15 ans vivant en France peuvent être qualifiées de sportives. »

Qui fait du sport ?

Dans le détail, 71 % des hommes, en France, pratiquent une activité physique et sportive régulière, contre 60 % des femmes. Entre 1950 et 2020, le nombre de licenciés auprès d'une fédération sportive a spectaculairement augmenté, selon l'Insee, avec une hausse de 700 %, passant de 2 à 16 millions. Au total, 65 % des personnes de plus de 15 ans vivant en France peuvent être qualifiées de sportives, puisqu'elles pratiquent au moins 52 séances par an. Soit, *a minima*, une séance de sport par semaine, que ce soit au sein d'un club ou d'une infrastructure sportive. Quant aux activités préférées des Français, on trouve en tête de liste les activités de la forme et de la gymnastique – dont la musculation – (34 %), suivies par l'univers de la marche, de la course et de l'athlétisme (25 %), et enfin les sports de cycles et de glisse urbaine (18 %). Et si le footing, la musculation et le VTT sont majoritairement pratiqués par des hommes, la marche sportive compte davantage de femmes parmi ses adeptes. Mais les différences de pratiques entre les genres ne s'arrêtent pas là : les hommes semblent plus constants que les femmes, avec une activité plus fréquente. De leur côté, les femmes ont plus souvent recours à un encadrement (35 %, contre 26 % des hommes) en lien avec les activités de la forme et de la gymnastique, plus souvent exercées dans le cadre de cours.

Enfin, outre les différences de sexe, la pratique sportive diffère aussi selon les âges. Sans surprise, « l'activité physique ou sportive régulière diminue avec l'âge : 83 % des 15-24 ans pratiquent chaque semaine, contre 70 % des 25-49 ans, 61 % des 50-64 ans et 50 % des 65 ans ou plus. Chez les femmes, elle diminue fortement entre 25 et 35 ans et augmente à nouveau entre 35 et 45 ans[3] ». Ce qui s'expliquerait bien évidemment par les premières grossesses et la présence d'enfants en bas âge. Enfin, passé 65 ans, les sportifs réguliers deviennent plus rares, du fait de la dégradation de l'état de santé ou d'un effet culturel et générationnel. Mais qui tend à évoluer.

3. Insee, *op. cit.*

Petite particularité sociale bien de chez nous

Si ces analyses réparties par âge et par genre permettent de brosser un premier portrait de la pratique des Français, une donnée essentielle doit être prise en compte pour mieux appréhender les disparités de la pratique sportive quotidienne : l'hétérogénéité sociale. « La part des personnes appartenant aux catégories sociales favorisées est plus élevée parmi ceux qui font du sport au moins une fois par semaine (20 %) que parmi les sportifs de vacances (13 %[4]). » Le niveau d'études est aussi un indicateur parlant : les diplômés du supérieur sont surreprésentés parmi les pratiquants réguliers et occasionnels. À l'inverse, les personnes peu ou pas diplômées

4. *Ibid.*

Les modes de déplacement actifs sont un excellent moyen de maintenir une activité physique quotidienne.

sont majoritaires parmi les adeptes du sport pendant les vacances. Quelque 70 % des personnes issues d'une classe défavorisée ne pratiquent jamais (hors pratique sportive utilitaire, comme la marche), contre seulement 8 % des personnes issues des catégories supérieures. Le non-sportif est malheureusement facilement identifiable : plus âgé que la moyenne, majoritairement une femme, issu des catégories sociales défavorisées, éprouvant des difficultés financières et disposant d'un capital scolaire plus modeste.

Le sport se révèle ainsi être un véritable marqueur social : les diplômés issus des classes supérieures, avec un capital économique et un capital scolaire élevés, ont des habitudes sportives beaucoup plus importantes. Néanmoins, ces données ne sont pas figées. Progressivement, ces différences semblent se réduire à force d'action publique et de soutien sportif. En effet, alors qu'en 1960 5 % des agriculteurs et 67,7 % des professions intellectuelles supérieures déclaraient pratiquer une activité physique et sportive régulière, les écarts ne sont plus que de 26 points (66 % contre 92 %) quarante-six ans plus tard. Lentement mais sûrement, les différences sociales s'estomperaient.

Enfin, pourquoi pratique-t-on une activité physique et sportive ? Par quête de lien social ? Par obligation ? Par envie ? Par plaisir ? Pour des raisons de santé ? Pour se sentir bien et en bonne santé ? Selon les pratiquants interrogés, c'est la question de la santé qui prédomine (70 % des sportifs réguliers et occasionnels interrogés[5]). Le bien-être et la détente viennent en deuxième position, juste avant le plaisir, l'amusement et l'entretien physique.

« Le sport est un véritable marqueur social. »

5. « Les pratiques physiques et sportives en France », enquête nationale menée par le ministère des Sports et l'Institut national de la jeunesse et de l'éducation populaire (Injep), 2020.

La course à pied est l'un des sports les plus prisés par les Français, derrière la musculation.

Le boom des salles de sport privées : musculation et escalade

Au-delà des pratiques et des fréquentations enregistrées à travers le recensement des fédérations et le nombre de licenciés, un secteur sportif connaît une croissance spectaculaire : les salles privées.

Cela concerne les salles de musculation franchisées, dépendantes d'une chaîne, comme Basic-Fit, Fitness Park, Club Med Gym ou Neoness, ou indépendantes, et les salles d'escalade. Ces lieux pleinement dédiés à la pratique sportive se sont développés dans les années 2010 et ont connu un véritable essor au sortir de la pandémie de Covid-19, au moment où un nombre important de personnes souhaitaient reprendre une activité physique.

Concernant les salles de musculation et de fitness, on enregistre 6,5 millions de personnes inscrites en 2023, soit une augmentation de 16,5 % depuis 2015. Le chiffre d'affaires est de 2,6 milliards d'euros et devrait maintenir son rythme de croisière, selon les experts, au moins jusqu'en 2025.

Quant aux salles d'escalade, la France compte 7 000 établissements. Selon l'Union Sport & Cycle, on compte une nouvelle ouverture de salle par jour depuis la fin du Covid-19. Ses principales enseignes sont Arkose, Climb Up, Block'Out. Si son chiffre d'affaires est inférieur à celui des salles de musculation, sa croissance moyenne est plus importante, à 650 millions d'euros en 2023, et de 18 % de hausse annuelle depuis 2021.

La caractéristique principale de ces nouvelles pratiques sportives est l'individualisation et la quête de liberté. Chacun peut pratiquer librement, sans contrainte, sans passer par un club, une instance, une fédération, et sans obligation de souscrire une licence. C'est faire du sport sans appartenir à la grande famille du sport fédéral et institutionnel.

LES FRANÇAIS ET LE SPORT, UNE LONGUE HISTOIRE

Et l'EPS créa la « culture » physique pour tous

Il faut remonter à l'ordonnance du 28 août 1945 pour découvrir les premières prérogatives fixées par l'État sur le champ du sport. Il sera pratiqué à l'école à travers la création et la normalisation de l'éducation physique et sportive, un moyen de former des citoyens modèles et de leur imposer une « discipline de vie », de développer un « élément fondamental de la culture ». À partir des années 1950, et encore plus dans les années 1960, l'action publique en faveur du sport en France va s'intensifier. Notamment à travers la construction généralisée d'infrastructures sportives, indispensables à la pratique à la fois du sport du quotidien et du sport d'élite. La pratique croissante, de plus en plus hétéronormée, sans distinction de classe ou d'origine sociale, dérive de cette volonté politique de développer et soutenir les infrastructures et les équipements sportifs, sur tout le territoire et pour le plus grand nombre.

Pendant un demi-siècle, des efforts colossaux sont entrepris afin d'assurer à la France des moyens de former toute une génération de sportifs du quotidien et d'élite. Ce que précisent Serge Durali et Guillaume Dietsch dans leur livre *Une histoire politique de l'EPS*[6] : « En accordant des moyens financiers importants et en développant une politique de construction d'équipements, le gouvernement gaulliste, et en premier lieu Maurice Herzog, permet à l'école et à l'EPS de dispenser un enseignement obligatoire à tous les élèves scolarisés. Ces constructions vont ainsi rendre possible, à partir de 1967, la mise en place au niveau national d'une pratique sportive scolaire. [...] La pratique sportive s'impose alors comme un fait social à l'état massif. » Au 1er janvier 2022, on enregistre plus de 272 000 équipements sportifs en France et 599 255 sites et espaces naturels relatifs aux sports de nature tels que la randonnée, le trail ou le trek.

« Pendant un demi-siècle, des efforts colossaux sont entrepris afin de former toute une génération de sportifs. »

6. Serge Durali et Guillaume Dietsch, *Une histoire politique de l'EPS*, De Boeck Supérieur, 2024.

L'Insep figure parmi les plus grands centre d'entraînement olympique et paralympique pour les athlètes de haut-niveau.

Encourager le sport de haut niveau : un projet politique qui a réussi

En 1960, après la déroute des Français aux Jeux olympiques de Rome, qui terminent 25e au tableau des médailles, avec seulement deux médailles d'argent et trois de bronze (aucune en or), l'État réagit. C'est une honte nationale pour le général de Gaulle, de retour au pouvoir en 1958, qui veut faire du pays une grande puissance face aux États-Unis et à l'URSS. Mais comment exister autrement que par la force militaire ou la force économique ? Par la force symbolique de la culture et du sport. C'est le principe même du soft power, de la « diplomatie douce », utiliser des outils alternatifs afin d'améliorer son influence et sa légitimité dans les relations internationales. D'un côté, le ministre André Malraux actera les fondations de l'exception culturelle française, avec le financement subventionné des productions cinématographiques nationales et la création du Centre national du cinéma (CNC). D'autre part, face au flop des Jeux de 1960, de Gaulle offre les pleins pouvoirs au secrétaire d'État à la Jeunesse et aux Sports Maurice Herzog, augmente les crédits du ministère et capte une partie des gains de la loterie nationale, à travers une taxe affectée pour le financement du sport. Les postes de directeur technique national (DTN) et de conseiller technique national (CTN), chargés de conduire des plans de performance et de cadrer la formation, sont créés au sein des fédérations. Ces dernières acquièrent une délégation de service public avec tous les soutiens financiers qui en découlent.

Pour centraliser ses moyens, l'Institut national des sports est créé en 1945. Il a alors pour missions de « soutenir le développement de la pratique sportive pour tous les publics, de contribuer à l'aménagement du territoire et de soutenir les grands événements internationaux se déroulant en France ». Il sera par la suite remplacé par le Fonds national pour le développement du sport (FNDS) puis par le Centre national du développement du sport (CNDS), en 2006 et, enfin, en 2018, par l'Agence nationale du sport (ANS). Aujourd'hui, l'ANS, dotée d'un budget public de 460 millions d'euros en 2024, est chargée de soutenir et de financer les 15 000 sportives et sportifs de haut niveau que recense le ministère des Sports, et d'aider ces athlètes à faire briller le drapeau national et à performer lors des compétitions

internationales. Ce fonctionnement tient à travers trois taxes affectées : la taxe Buffet sur les droits de retransmission des compétitions sportives professionnelles, la taxe sur les jeux de hasard et la taxe sur les paris sportifs. Chaque fois que vous vous abonnez à une chaîne de télévision sportive, que vous faites un pari sportif ou que vous achetez un ticket de loto ou un jeu à gratter, vous participez directement au financement du sport de haut niveau. Et c'est un système qui porte ses fruits, puisque la France se positionne, depuis de nombreuses années, dans le top 10 international.

La France, contrairement à la Grande-Bretagne, n'a pas fait le choix de l'élitisme et de la distinction. Politiquement, elle a très tôt voulu soutenir l'ensemble des athlètes, afin de satisfaire les intérêts du plus grand nombre, sans laisser sur le bas-côté des sports ou des fédérations moins prisés ou moins prestigieux. Cette action politique a été couronnée de succès et on en retrouve encore aujourd'hui les traces. D'après Thierry Terret, « l'ensemble du système [français] fait finalement du sport un vaste service public où sport scolaire, sport de masse et sport d'élite doivent [...] relever d'une logique complémentaire [...] dans un intérêt commun, fraternel et universel[7] ».

« L'action publique, la motivation et la volonté des acteurs ont assuré la performance du haut niveau. »

Un outil permet d'ailleurs de mieux s'en rendre compte : le Greatest Sporting Nation Index. Créé en 2008, cet indicateur synthétique récolte toutes les performances internationales dans plus de 80 disciplines, olympiques ou non, pondérées par le poids des compétitions, qu'il s'agisse de championnats du monde ou de coupes continentales, et fixe un classement global. En 2022, la France se classe tout simplement à la 2e place, derrière les États-Unis, mais devant la Chine, la Grande-Bretagne, l'Italie ou le Canada. Le pays était 3e en 2021, 4e en 2020, 5e en 2019 et 2e en 2018. La France a quasiment toujours fait partie des cinq premiers pays depuis 2008, et se positionne comme la meilleure nation européenne. C'est l'action publique, la motivation et la volonté des acteurs qui ont permis et assuré la performance du haut niveau. Manuel Schotté, professeur de sociologue à l'université de Lille, et spécialiste des questions sportives, confirme : « C'est cette construction de l'offre sportive qui explique en partie la réussite internationale de nos athlètes nationaux. [...] Un pays qui présente un intérêt marqué pour tel ou tel sport concentre l'action de ses pouvoirs publics sur la détection des athlètes et la performance sportive. »

7. Thierry Terret, *Histoire du sport*, PUF, coll. « Que sais-je ? », 2023.

Issues de l'opération « 1000 piscines », les piscines dites « Tournesol » sont apparues en France dans les années 1970. Créées par Bernard Schoeller, elles ont permis de démocratiser la natation, avant de disparaître peu à peu de nos paysages pour des raisons énergétiques.

Des efforts à relancer, car des inégalités persistent

Selon un rapport du Conseil économique, social et environnemental (Cese) paru en 2016, 33 bassins de vie ne disposaient d'aucune infrastructure sportive, essentiellement localisés dans les zones urbaines sensibles (ZUS). Et lorsque ces territoires disposent d'infrastructures d'accueil, ils sont généralement sous-équipés comparativement à la moyenne nationale.

De la même manière, la vétusté et l'ancienneté des infrastructures sont souvent rappelées et mises en avant. En effet, 70 % des infrastructures sportives utilisées dans les années 1990 et 2000 ont plus de 30 ans. La moitié des équipements sportifs nautiques et aquatiques ont été construits avant 1977, dans le cadre du plan national « 1 000 piscines », élaboré à la fin des années 1960 afin de développer l'apprentissage de la nage et de la pratique sportive aquatique. Depuis, très peu d'équipements de ce type sont sortis de terre, et cela maintient une forme d'inégalité entre les territoires.

Régulièrement, il est rappelé qu'un jeune sur deux de moins de 12 ans, en Seine-Saint-Denis, pourtant principal département d'accueil des Jeux olympiques de Paris 2024, ne sait pas nager. Parce qu'il n'y a pas assez d'infrastructures sportives adaptées à disposition. Selon un rapport rédigé par Marie-George Buffet, ministre de la Jeunesse et des Sports du gouvernement Jospin (1997-2002), une majorité de celles-ci, bien qu'ayant contribué de manière non négligeable à la démocratisation et au soutien du sport, apparaissaient mal établies, délabrées et dégradées. Au problème de territoire, on peut rajouter les problèmes de santé environnementale liés à la qualité de l'air des équipements sportifs, positionnés à proximité d'axes routiers à fort trafic et construits sans respect des normes environnementales récentes. Sans compter le confort et la convivialité des équipements, à améliorer et à renforcer. Seuls 62 % d'entre eux sont équipés de sanitaires et 43 % de douches, 36 % ont au moins deux vestiaires sportifs, ce qui serait pourtant un minimum pour garantir une pratique mixte et favoriser la féminisation de certaines disciplines.

« Ces investissements historiques permettront de construire un héritage très concret des Jeux olympiques de Paris 2024 pour les Français. »

Des efforts doivent être entrepris, et c'est précisément tout l'objet du plan « 5 000 équipements sportifs – Génération 2024 », mis en place par l'ANS, avec le soutien financier et pratique du gouvernement et du ministère des Sports. Ce plan, doté d'une enveloppe budgétaire pluriannuelle de 300 millions d'euros, prévoit la construction, entre 2024 et 2026, de 5 000 nouveaux équipements sportifs, allant des terrains en extérieur aux plateformes sportives en passant par des bassins aquatiques modulables, dont un tiers sera positionné dans les quartiers prioritaires de la politique de la ville. Ce qui fait dire à Cédric Roussel, ancien député et actuel délégué interministériel chargé du sport, que « ces investissements historiques permettront de construire un héritage très concret des Jeux olympiques de Paris 2024 pour les Français et permettront d'intégrer durablement le sport dans notre société ». Si ce programme constitue, certes, une première piste de réponse, il connaît également ses limites (c.f p.96).

PARIS 2024

LE SPORT COMME ÉLÉMENT FÉDÉRATEUR

À côté du sport qui se pratique, le sport qui se regarde, dans un stade ou derrière un écran, est une vraie passion française. Les chiffres d'audience à la télévision et l'importance donnée aux athlètes et aux histoires sportives dans les médias sont des marqueurs très forts.

Les Français : un peuple de supporters

Chaque jour, les événements sportifs sont relatés dans la presse, à la radio ou aux journaux de 20 heures. Les résultats sont commentés, et les anecdotes de sportifs de haut niveau ou du quotidien sont nombreuses. « Le service public, sur ce point, fait d'ailleurs un travail très important, analyse Thierry Moreau, journaliste spécialiste des médias et ancien rédacteur en chef de *Télé 7 jours*. Les chaînes de France Télévisions ont mis en place des émissions régulières en prévision des Jeux olympiques. Elles mettent en avant des sports mineurs, qui ne sont pas forcément ultra-populaires, comme le tir à l'arc ou le plongeon. Elles nous montrent le quotidien, la préparation des sportifs, et ça rend la chose passionnante. »

L'Arcom, le gendarme de la télévision française, dénombre plus de 8 700 heures de programmes sportifs diffusés sur les chaînes gratuites de la TNT (5 % de l'offre de programme). Les télévisions payantes (beIN Sports, Canal+, Amazon Prime…) diffusent plus de 202 000 heures de sport sur une année, de quoi passer plus de 8 000 jours derrière son écran ! En 2023, sur les dix meilleures audiences recensées, huit concernaient des matchs de l'équipe de France de rugby pendant la Coupe du monde, dont le record se monte à 16,5 millions de téléspectateurs. Si le chiffre est impressionnant, il reste loin derrière celui de la meilleure audience de 2022, la finale de la Coupe du monde de football, avec les Bleus, qui a réuni 26 millions de personnes[8].

Ci-contre, le Parc des Champions au Trocadéro durant les JO 2024.

8. Médiamétrie comptabilise à la fois l'audience dans les foyers des particuliers et l'audience mobile, autrement dit dans les espaces recevant du public (bars, *fan zones*, etc.).

Les supporters encouragent les cyclistes gravissant la rue Lepic, sur la butte Montmartre, lors des JO de Paris 2024.

Page suivante, la foule en liesse s'amasse sur les Champs-Élysées après la victoire de la France lors de la Coupe du Monde de football 2018.

Point intéressant, les disciplines reines que sont le football et le rugby ne sont pas les seules à fédérer. La chaîne L'Équipe, qui a fait le choix de diffuser des sports mineurs comme le biathlon, réussit à rassembler plus d'un million de personnes devant une compétition l'après-midi. *Idem* pour le Paris-Dakar. La multiplication des chaînes sportives a donné de la visibilité à de nombreux sports.

À la radio, hormis France Inter et France Culture, qui n'offrent que 1 % de leur temps d'antenne au sport, toutes les autres radios généralistes (RMC, Sud Radio, RTL, Europe 1, France Bleu, France Info, RFI) sont à 5 % ou plus, comme pour la télévision. Seule RMC, mais cela fait partie de son ADN, consacre 40 % de son temps d'antenne à l'offre sportive. La radio produit même le podcast le plus écouté de France, l'« After foot », trois heures quotidiennes consacrées au football, avec 16 millions de téléchargements par mois. Créée en 2006 par les journalistes Daniel Riolo et Gilbert Brisbois, l'émission est rapidement devenue une institution et fait dire à Riolo que « les Français aiment critiquer et se moquer des sportifs, ce qui prouve évidemment qu'ils les aiment ».

« Stade 2 » et « Automoto », les plus vieilles émissions de la télévision

Présentes sur le petit écran depuis 1975, l'émission de sport du service public, « Stade 2 », et l'émission dédiée aux sports automobiles de TF1, « Automoto », sont les programmes les plus anciens de la télévision française, depuis l'arrêt de « Des chiffres et des lettres », en 2024.

« Stade 2 », aujourd'hui diffusé sur France 3, est le plus vieux magazine consacré à tous les sports, y compris ceux dont on ne parle jamais. Pour son ancien rédacteur en chef, Emmanuel Lefort, « "Stade 2" se veut être l'émission de tous les sports. [...] Et nous nous imposons de mettre en avant des disciplines qui ne seraient jamais passées ou n'auraient jamais été diffusées sur d'autres programmes ».

Quant à « Automoto », c'est un programme dédié à l'actualité du sport automobile et à la moto. Créée par Jacques Bonnecarrère, Georges de Caunes, Jean-Pierre Chapel et Jacques-Virgile Villa le 11 janvier 1975, l'émission est devenue une référence pour les aficionados de la voiture et enregistre quasiment un million de téléspectateurs le dimanche matin sur TF1.

Autre grand-messe du dimanche matin qu'il faut citer : « Téléfoot ». Créée en 1977 par Pierre Cangioni et Christian Quidet et diffusée sur TF1, elle fait partie de notre patrimoine culturel et sportif.

FRANCE

Le sport comme vecteur de fraternité et d'unité

Le sport regroupe, fédère. Il crée du lien, des souvenirs, une histoire commune. C'est une source de fierté collective et de cohésion. Les Français se réunissent pour supporter, critiquer ou admirer les équipes de France et les athlètes de haut niveau, fiers représentants de la formation et de l'élite nationale. Plus d'un million de personnes étaient sur les Champs-Élysées en 1998, après le sacre des Bleus à la Coupe du monde – du jamais vu depuis la libération de Paris en 1944 –, et plus de 300 000 le long de la Seine lors de la cérémonie d'ouverture des Jeux olympiques de Paris. Pour les économistes Laster Masterton et Anthony J. Mander, auteurs d'une étude sur les liens entre football et bonheur, « il y a peu d'exutoires permettant une si large expression de sentiments patriotiques – le sport est peut-être le plus puissant d'entre eux, et le football en est le roi… Nous supposons qu'un tel intérêt commun pourrait, dans un élan de passion, accroître la cohésion sociale et la solidarité ». Supporter une équipe, aimer une sélection, admirer un joueur, cela unit et regroupe.

« La France est une terre de fans de sport, une terre de supporters, une terre de passionnés. »

> « Il y a peu d'exutoires permettant une si large expression de sentiments patriotiques. »

Le sport rassemble physiquement. Dans la pratique, il crée des liens, des amitiés, donne des objectifs communs, permet de partager des victoires et des défaites. Au stade, il permet de supporter son équipe de cœur. Le football, le rugby et le tennis n'ont jamais eu autant de supporters. Le PSG, Lens, Marseille, Saint-Étienne jouent à guichets fermés, le club de rugby de La Rochelle doit lancer des travaux d'agrandissement de son stade pour pouvoir accueillir de nouveaux supporters. Roland-Garros vend tous ses billets chaque année, des mois avant le tournoi. Dans le sport amateur, même engouement pour accompagner, encourager et féliciter les enfants, les adolescents, les adultes qui foulent les terrains, les cours, les salles.

Autre monument suivi physiquement sur les routes et à travers la télévision : le Tour de France. C'est l'une des compétitions les plus regardées et les plus connues au monde et les Français sont les premiers à la suivre avec passion. Sur le Tour de France, « on voit le lien intime entre compétition sportive et découverte des paysages et du territoire français. Cela accroît l'attachement des Français à cette compétition, pour un même sentiment d'appartenance et où l'on va voir son sportif préféré ou tel ou tel cycliste parcourir les routes de son enfance, les routes de ses vacances, les routes de son quotidien », selon Thierry Moreau. L'affection est là. La France est une terre de fans de sport, une terre de supporters, une terre de passionnés.

LA FRANCE EST-ELLE UNE NATION SPORTIVE ?

En analysant en profondeur les pratiques, les audiences, les intérêts et les performances des athlètes français, on ne peut que se rendre à l'évidence : le sport a une place prépondérante en France. Si la France est clairement une terre de sport, peut-on pour autant considérer qu'elle est une nation sportive ? Car, fondamentalement, qu'est-ce qu'une nation sportive ? Le sport est-il profondément ancré dans sa culture, est-il une marque de reconnaissance sociale, voire professionnelle, fait-il partie des occupations incontournables sur les temps de loisir ?

EN FRANCE, LE SPORT EST LE PARENT PAUVRE DE LA CULTURE

En France, nous pratiquons, nous performons, nous supportons et nous médiatisons. Pourtant, un certain scepticisme semble gagner les athlètes de très haut niveau, comme le judoka Teddy Riner ou le nageur Florent Manaudou, lorsqu'on les interroge sur la place du sport dans notre culture. Il ne serait pas assez valorisé, à leurs yeux. Ainsi, une « nation sportive » serait une nation dont la politique publique valoriserait le sport de tous niveaux, dans toutes ses strates, de la petite enfance à l'élite internationale.

Une pratique peu valorisée

Or, depuis le Siècle des Lumières, le corps n'est pas autant valorisé que l'intellect en France. On affirme l'intérêt de la culture et des lettres, on met en avant la connaissance et le savoir, mais on sous-valorise le physique et la pratique sportive. C'est l'opposition frontale entre le corps et l'esprit, propre à notre culture franco-française. Intuitivement, on tient le sport hors du champ de la culture.

Le lien entre le corps et l'esprit en Grèce antique

Dans la Grèce antique, le sport avait une place toute particulière. Berceau de nos sociétés modernes et de la démocratie, cette civilisation considérait le sport comme un élément fondamental et comme un outil au service de l'éducation, de la culture et de la politique.

À Athènes, l'éducation des jeunes inclut la gymnastique, la musique et les lettres, visant à créer le citoyen parfait (*kalos kagathos*). On ne peut séparer et exclure le sport, il fait partie intégrante de la société athénienne et en est un fondement majeur. Cette éducation sportive est aussi un rite de passage vers la citoyenneté, notamment à travers l'éphébie, une formation militaire pour les jeunes hommes. Sparte offre un exemple extrême avec l'*agôgè*, un système éducatif rigoureux préparant les jeunes garçons à devenir des soldats d'élite.

Dans ces sociétés, personne n'imagine une dissociation du sport du reste des savoirs fondamentaux et tout le monde considère comme indispensables et intouchables l'intégration de l'éducation et la pratique physique dans la construction des individus.

Cette importance de la pratique sportive, qui a une place à part entière dans le système éducatif grec, irrigue jusqu'à l'Antiquité romaine et est parfaitement exprimée dans la célèbre citation de Juvénal : « *Mens sana in corpore sano* » (« Un esprit sain dans un corps sain »).

Si cette locution est encore utilisée aujourd'hui comme devise de clubs sportifs ou d'universités, sa valeur, elle, est un peu oubliée dans nos sociétés occidentales modernes.

Pour Béatrice Barbusse, sociologue et ancienne présidente du Centre national du développement du sport, le constat est clair : « Ça n'est pas parce que les Français font du sport qu'on peut dire pour autant que notre pays est sportif culturellement parlant. [...] La définition anthropologique ou sociologique de "culture" la plus courante, c'est l'ensemble des normes et des valeurs partagées par des individus qui appartiennent à la même société. Ici, en l'occurrence, quand on parle de nation sportive, cela renvoie à l'idée d'une culture commune liée au sport, pour faire nation. Une même culture qui a pour vocation de donner un sentiment d'appartenance à un même groupe, ici un pays, la France. Donc ces valeurs sont des grands principes idéaux du sport, comme la solidarité, la fraternité, l'équité, la méritocratie, la justice, et normalement cela se traduit par des normes. Mais c'est là que le bât blesse pour la France, c'est là où on voit que cette culture du sport n'est pas importante ni mise en avant dans le pays. »

Nathalie Iannetta, directrice des sports à Radio France et ancienne conseillère aux sports de François Hollande à l'Élysée (2014-2016), a un avis similaire : « Nous sommes un pays de sportifs, il y a beaucoup de pratiquants en France, beaucoup plus que dans beaucoup d'autres pays, en club ou en individuel, nous sommes un pays d'événements sportifs, nous savons les accueillir et les consommer – à la télévision, les audiences sont massives. En revanche, quelle est la place du sport et des sportifs dans la société, sont-ils valorisés ? Sont-ils des emblèmes de la réussite à la française ? Il y a du mépris pour les sportifs, partout. On ne considère pas qu'ils incarnent une réussite à la française. Moins que des acteurs, moins que des auteurs, moins que des chefs d'entreprise. »

« Ça n'est pas parce que les Français font du sport qu'on peut dire pour autant que notre pays est sportif culturellement. »

À l'école, le sport est souvent relégué à un simple jeu. Parmi les élites, il est peu valorisé voire dénigré. On renvoie en permanence la figure du sportif au sot, au simple. Par exemple, les joueurs de foot sont régulièrement épinglés pour leur bêtise dans les médias, des « Guignols de l'info » aux tweets désobligeants, le cliché du sportif peu éduqué (on pense tout de suite à Franck Ribéry) a la vie dure. C'est ce que la journaliste Laure Adler appelle « la culture de l'idiot. [...] Il y a un impensé du corps, une absence totale du corps dans notre culture symbolique. Celui qui fait du sport est toujours l'idiot, celui qui pratique trop est toujours le fou ». *Idem* dans les salles de rédaction. On a en tête le coup de gueule poussé par Estelle Denis, ancienne journaliste sportive, et dorénavant chargée des cases Société sur RMC : « À chaque fois qu'on est présenté comme journaliste sportif, on est moqué ou méjugé. Alors que le journaliste politique ou culturel est respecté et écouté. [...] On n'imaginerait jamais un journaliste sportif traiter des débats politiques ou des élections, mais un journaliste spécialiste de cinéma ou de littérature va pouvoir donner son avis sur le jeu de l'équipe de France ou la sélection des Bleus, sans que personne bronche. [...] Et que dire de la pratique sportive ? On ne voit jamais les célébrités, les people ou les experts faire du sport, sauf quand il s'agit de porter la flamme olympique ou de faire une campagne de pub. Ça n'est que pour leur image, jamais pour ce qu'ils aiment fondamentalement. » C'est vrai, à chaque fois qu'un sportif dénombre ses heures hebdomadaires à la salle ou sur un terrain de sport, on s'étonne, voire on s'alerte. Mais quand un intellectuel, qu'on verra rarement sur un terrain de sport, raconte ses longues heures passées à lire, à écrire, à aller au cinéma ou au théâtre, on l'admire. Guillaume Dietsch, agrégé d'EPS et professeur à l'université Paris-Créteil, complète cette vision : « Le système éducatif français semble encore effectuer une forme de hiérarchisation entre la culture intellectuelle et la culture corporelle, un dualisme cartésien entre le corps et l'esprit. D'un point de vue culturel, les apprentissages en EPS peinent à être considérés comme fondamentaux pour l'épanouissement de l'enfant et le développement de compétences psychosociales. »

« Le système éducatif français semble encore effectuer une forme de hiérarchisation entre la culture intellectuelle et la culture corporelle. »

Sociologiquement, les pratiques sportives qui font appel à autre chose que la culture physique, comme la voile ou la randonnée, sont valorisées par les élites. Parce qu'elles mettent en avant d'autres enjeux que la seule force physique et le seul usage du corps au sens premier du terme, c'est la découverte de la nature, l'acquisition de connaissances, l'approche utilitariste qui sont valorisées et recherchées. Dans les classes sociales les plus défavorisées, à l'inverse, le corps et la culture physique comptent, avec en point d'orgue les salles de musculation, décriées et méjugées par toute une élite économique et intellectuelle, alors qu'on dénombre 6,2 millions de Français inscrits dans une salle de sport privée, soit 1 Français sur 11.

Béatrice Barbusse cite l'exemple nord-américain. Les États-Unis, aux yeux de l'opinion publique, sont une vraie nation sportive, le sport y est mis en avant au quotidien, valorisé, des infrastructures modernes sont largement présentes et le système sportif des universités y est prisé et mondialement reconnu. Plus encore, les élites enjoignent à la pratique et la soutiennent.

La valeur intellectuelle a toujours prévalu sur la valeur physique

Cette dichotomie entre pratique sportive et pratique intellectuelle, entre culture physique et culture intellectuelle, s'explique d'abord par une caractéristique bien particulière : l'apolitisme des dirigeants sportifs français. Le monde sportif n'a pas assez agi pour favoriser culturellement les pratiques, il s'est limité à la défense d'une pratique physique, sans traiter les sujets de société. Le sport et le monde sportif doivent aussi intégrer les problématiques sociales, de discrimination, de racisme, de sexisme, d'homophobie, etc. C'est ce que prône le coach de handball Alexandre Jaafari : « On crée une culture sportive à partir du moment où on intellectualise et on politise le sport. Le sport n'est pas intellectualisé, on voit ça juste comme un spectacle. [...] Culturellement, le sport n'est pas mis en avant. Par exemple, dans toutes les matinales de France, à la radio, on va avoir un économiste, un philosophe ou un historien qui vont intervenir tous les jours. Mais jamais un historien du sport, un sociologue du sport ne vont être invités, ou alors très rarement. Il n'y a pas de réflexion, pas d'ouverture. Tant que le sport n'est pas politisé, on ne s'en sortira pas, il faut réfléchir sous un prisme politique. »

Les dirigeants du monde sportif doivent sortir de leur neutralité et s'imposer une forme d'élévation intellectuelle pour que le sport puisse avoir un impact positif sur la société et, à terme, être valorisé. « Revendiquer l'apolitisme en sport est une bêtise, complète Béatrice Barbusse. Chose que n'ont pas faite le cinéma ou la culture, où les actions et les combats sont permanents, afin d'élever les consciences et les discussions. Aujourd'hui, le cinéma, en France, n'est pas considéré comme une simple industrie du spectacle, mais aussi comme une activité impliquée dans les combats sociétaux, dans le changement, comme une activité valorisée intellectuellement, etc. Dire qu'on va au cinéma ne renvoie pas, sociologiquement, à la même pratique qu'aller au stade. Résultat, le sport n'est pas pris au sérieux. »

Le philosophe Thibaud Leplat explique ce manque de considération : « Sur ce point, Bourdieu avait raison. Dès que s'est enclenchée la démocratisation du sport, avec la pratique normalisée à l'école et l'intérêt porté par les classes populaires, nos élites n'ont eu de cesse de se distinguer, de créer des îlots, de se détourner du sport, de rejeter la professionnalisation, de refuser toute forme d'intellectualisation ou de politisation. » Il ajoute : « C'est le paradoxe français. On dévalue le sport comme objet culturel et on lui oppose la littérature, les arts, les lettres comme champ culturel d'excellence et de prestige. Je pense que la France a perdu l'intérêt pour le sport comme objet culturel. Tout s'est passé comme si, en démocratisant la pratique, elle perdait l'esprit originel de sa fascination pour cet univers. »

« On crée une culture sportive à partir du moment où on intellectualise et on politise le sport. »

De ce fait, le sport reste appréhendé comme un jeu, comme un loisir, et donc une pratique secondaire, sans distinction, sans valorisation.

LE SPORT À L'ÉCOLE, UNE HISTOIRE SINGULIÈRE

Cause ou conséquence, cette dévalorisation du sport existe dès l'école, où les cours d'EPS, bien qu'obligatoires, sont relégués au dernier rang des préoccupations. Coralie Benech est secrétaire générale du Syndicat national de l'éducation physique (Snep-FSU). Pour elle, « le sport a du mal à être considéré comme une pratique culturelle, il y a toujours une forme de dédain. Quand on répète que les savoirs fondamentaux, ce sont les maths et le français, ça renforce une certaine vision des choses[1] ». Autrement dit, on préférera toujours être bon dans ces dernières disciplines plutôt qu'en sport. Hiérarchiquement, les notes en EPS sont bien moins importantes, avec des faibles coefficients au bac et un désintérêt complet dans le primaire ou le secondaire. En réunion parents-profs, les professeurs d'EPS sont au mieux ignorés, au pire méprisés, ils ne sont quasiment jamais nommés comme professeur principal et sont considérés comme des animateurs sportifs. « C'est toute la différence qu'il peut y avoir avec une nation sportive comme l'Australie, note Thierry Terret. Là-bas, les cours de sport sont à la fois théoriques et pratiques. Sur une heure de cours, vous avez trente minutes assis à étudier la théorie sportive, avec son histoire et sa science, et trente minutes d'activités, avec mise en situation. On fait du sport pour le sport directement. [...] Alors qu'en France on a parfois l'impression que les cours d'EPS sont surtout vus comme une forme de sas de décompression. On s'active pour penser à autre chose et relâcher la pression avant les autres cours. »

1. « La France, un pays de sport ? (6/7) "Les profs d'EPS sont devenus des professeurs de compétence sociale, notre enseignement perd du sens" », propos recueillis par Guillaume Launay, *Le Nouvel Obs*, 19 avril 2024.

Aux origines de la pratique sportive

Initialement, le sport à l'école partait d'une volonté militariste. On voulait mettre les écoliers français au sport pour en faire de futurs soldats disciplinés et affûtés. L'historien Georges Vigarello écrit : « Après la défaite de 1870, la gymnastique faite pour la mobilisation des collectifs, pour les mouvements d'ensemble, les exercices de force aux barres fixes, portiques ou espaliers, est l'objet d'un brusque développement[2]. » Le gouvernement de l'époque, sous la IIIe République, lance un véritable plan sportif à l'école comme moyen de préformer de futurs combattants, préparés aux techniques militaires. Cette vision et cette philosophie très militaristes vont se poursuivre jusque dans les années 1920, avant que le mouvement éducatif reprenne le pas sur l'armée et lui impose une doctrine pacifiste et médicale.

2. Georges Vigarello, *Passion sport. Histoire d'une culture*, Textuel, 2000.

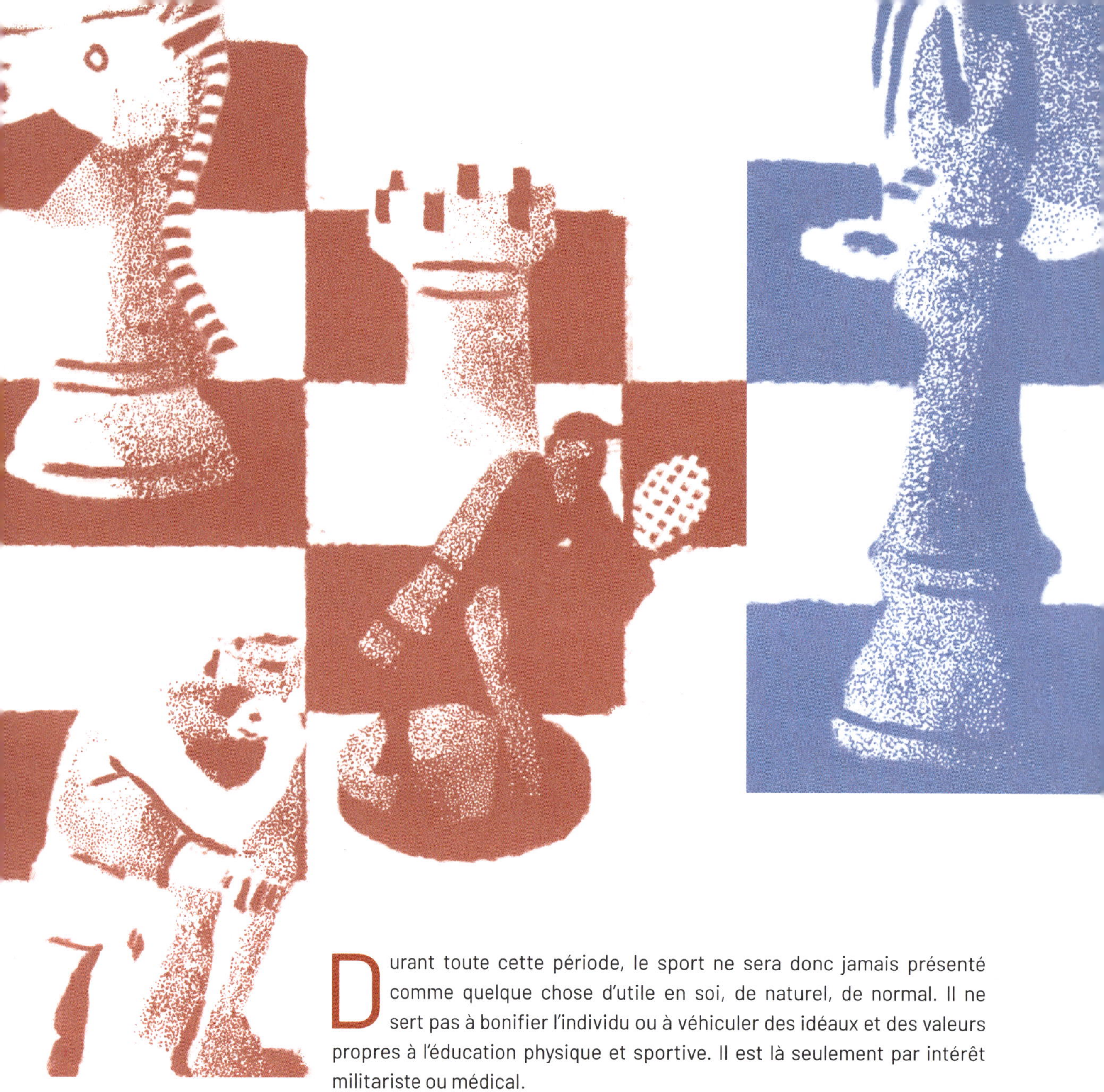

Durant toute cette période, le sport ne sera donc jamais présenté comme quelque chose d'utile en soi, de naturel, de normal. Il ne sert pas à bonifier l'individu ou à véhiculer des idéaux et des valeurs propres à l'éducation physique et sportive. Il est là seulement par intérêt militariste ou médical.

Plus tard, dans les années 1930, avec l'arrivée au pouvoir du Front populaire et l'affirmation des luttes sociales, le sport à l'école acquiert un autre statut. La démocratisation de la culture sportive et la volonté d'offrir à toutes les catégories et à toutes les classes un moyen de pratiquer s'imposent. Cela se traduit par des moyens plus importants accordés au sport à l'école, à la normalisation et à l'automatisation de l'EPS dans les établissements, et à la création d'un secrétariat autonome aux Sports au sein du gouvernement de 1936. Mais le but de cette démocratisation ne va pas dans le sens d'une valorisation intrinsèque du sport, elle est surtout institutionnelle. Elle vise d'abord à s'opposer au développement du sport-business et à ses effets pervers (tricheries, dopage, paris, risques sociaux, etc.). Dans leur livre *Une histoire politique de l'EPS* (2024), Guillaume Dietsch et Serge Durali rappellent cette finalité : « Le sport est compris sous le gouvernement du Front populaire comme le garant de la santé et de la race. Il doit également permettre de lutter contre les fléaux sociaux (alcoolisme, cabarets). C'est donc un sport régénérateur de la race qui est le moteur de cette volonté de développement du sport. [...] Ainsi, la politique du Front populaire peut s'entendre comme : le sport pour tous contre le sport spectacle, le sport loisir contre le sport de compétition. Il s'agit de la promotion des bienfaits hygiénistes (santé), sociaux (lutte contre les fléaux) et hédonistes (joie). »

Ce postulat démocratique est remis en cause lors de la France de Vichy, avec un retour à une logique militariste rigoriste voulue par le maréchal Pétain. Elle ne dure qu'un temps et, dès 1944, le programme national de la Résistance réhabilite la philosophie du Front populaire, avec un sport pour tous, pratiqué à l'école par le plus grand nombre. Vision qui s'imposera longtemps dans l'esprit français. C'est seulement dans les années 1960 que des prérogatives d'excellence et de performance émergent, avec la volonté du général de Gaulle de faire briller les élites, notamment après l'échec aux Jeux olympiques de Rome, en 1960. Toute cette histoire et ces évolutions marquent, dans l'inconscient collectif, l'esprit français dédié au sport. Parce qu'il a successivement été vu comme utilitariste, militariste, soutien de la santé et de la libéralisation des foules, il n'a jamais tenu une place forte, claire et à part, il a toujours été vu comme secondaire, comme une option, un moyen vers un autre objectif.

« 60 % des étudiants souhaitent faire du sport à l'université. »

Le sport, grand absent de l'université

Par effet domino logique, alors même que l'université était supposée devenir la place centrale du sport pour toutes et tous, lieu de reconnaissance et de prestige, il en est quasiment absent. C'est pourtant là que tout a commencé, en 1894, quand le baron Pierre de Coubertin relance les Jeux olympiques modernes. C'est en effet à la Sorbonne, le 24 juin 1894, que le Comité international olympique est fondé sous l'impulsion de l'étudiant Coubertin, passé par les *public schools* britanniques et désireux de faire du sport un moyen de paix, de cohésion, de fraternité, et surtout d'élévation.

Si l'idée des Jeux prend et se développe, l'université française reste hermétique au sport. Aucun moyen ne lui est accordé et, parmi les étudiants, très peu pratiquent dans le cadre de leurs études. La figure de l'intellectuel est celle d'un individu brillant sur les estrades, lors de joutes verbales, soulevant la foule de ses mots et de sa verve, jamais grâce à ses exploits sportifs. Les grands intellectuels et universitaires d'aujourd'hui n'affichent d'ailleurs pas leur pratique sportive. Contrairement aux pays anglo-saxons ou à l'Allemagne, où, parmi les élites, le sport est aussi important que l'esprit et où on fait du sport autant qu'on étudie. À des années-lumière de la vision française. Encore aujourd'hui, selon Georges Vigarello, dans une note publiée pour le think tank Terra Nova, seulement « 19 % des étudiants sont inscrits en Suaps (Service universitaire des activités physiques et sportives), soit environ 270 000 sur 1,5 million. Alors que les enquêtes indiquent que 60 % des étudiants souhaitent faire du sport à l'université ». Le sport à l'université est en « déshérence » pour l'historien : absence totale d'infrastructures dédiées, pas de moyens, aucune valorisation, aucun soutien et abandon total des administrations. On ne veut pas faire l'effort du développement.

> « Le sport n'a pas encore l'importance académique qu'il pourrait avoir dans les pays anglo-américains. »

L'Onaps, l'Observatoire national de l'activité physique et de la sédentarité, a aussi publié un rapport, en septembre 2022, sur la pratique sportive des étudiants. Et son constat est le même : « L'activité physique et sportive (APS) commence à diminuer dès l'entrée dans le primaire et continue a diminué tout au long du cursus scolaire et encore pendant la vie étudiante, tandis que le temps passé assis s'accumule de plus en plus. [...] L'entrée dans l'enseignement supérieur constitue toujours un point de rupture majeur à la pratique sportive chez les jeunes. »

Sur un autre plan, la recherche sportive est aux abonnés absents. Dans son livre *Traîtres à la nations* ? (2011), le sociologue Stéphane Beaud, normalien et professeur à l'IEP de Lille, rappelle cette anecdote où le corps professoral d'un grand établissement du supérieur français, symbole de la réussite et de l'excellence, lui avait ri au nez lorsqu'il avait proposé de traiter le football comme objet d'étude. Selon lui, « pour l'élite intellectuelle, le sport reste un divertissement, un jeu, pratiqué par les catégories inférieures. On ne peut pas analyser et traiter ce phénomène dans un centre d'étude aussi prestigieux, cela ferait tache[3] ». Jean-Baptiste Guégan est professeur d'histoire et auteur du livre *La République du foot* (2022), coécrit avec Clément Pernia. Il ajoute que « la recherche universitaire française a trente ans de retard. Le sport n'a pas encore l'importance académique qu'il pourrait avoir dans les pays anglo-américains. Il n'a pas la reconnaissance sociale qu'il pourrait avoir en Allemagne ou en Autriche. Il n'est pas incontournable comme dans les sociétés scandinaves. Il y a bel et bien un déficit de reconnaissance sociale[4] ».

Béatrice Barbusse le rejoint : « Nous sommes le pays des Lumières, on nous rappelle quotidiennement, à l'école et partout dans la société, les grands noms des philosophes des Lumières, les grands auteurs, on nous cite les grands écrivains, les grands artistes, tout monde connaît Proust ou Zola, peut réciter du Rousseau ou du Voltaire ou se souvient de l'article 1 de la Déclaration des droits de l'homme. En revanche, les sportives et les sportifs ne sont jamais mis en avant à l'école, ne font pas partie intégrante de notre culture commune. »

3. Stéphane Beaud, *Traitres à la nation ?*, La Découverte, 2011.
4. Jean-Baptiste Guégan et Clément Pernia, *La République du foot*, Amphora, 2022.

Sport à l'université : le trou dans la raquette

Si la France n'a jamais eu la tradition anglo-saxonne des clubs universitaires, on constate qu'il n'y a « plus rien, aujourd'hui, au niveau du sport universitaire », comme le clame Marie-George Buffet. « Le sport à l'université, c'est un trou noir, confirme Vincent Roger. C'est le symbole même de l'héritage cartésien prégnant qui a voulu, pendant des siècles, que nos élites intellectuelles dissocient le corps de l'esprit. Aujourd'hui, à peine un étudiant sur cinq fait du sport à l'université, et seulement 40 % déclarent pratiquer un sport. » En 2022, Stéphane Braconnier, président de l'université Paris-Panthéon-Assas, avait remis à France Universités un rapport, resté sans suite, qui recommandait de lancer un plan d'urgence pour les équipements sportifs universitaires *via* la création de bourses de l'enseignement supérieur spécifiques pour les sportives et sportifs de haut niveau, le renforcement de la présence des fédérations sportives sur les campus, la valorisation de la pratique du sport dans les cursus, ou encore la fixation par les universités d'un pourcentage socle de CVEC (contribution à la vie étudiante et de campus) dédié au sport. Malheureusement, c'est un rapport de plus, qui sera resté dans un placard.

Malgré ce tableau un peu sombre, les choses semblent en voie d'amélioration. De plus en plus, la recherche fondamentale en sport s'intensifie et se développe. En 2016, le ministère des Sports a créé deux prix universitaires dédiés aux *sports studies*, récompensant les meilleurs mémoires et les meilleures thèses d'étudiants de la discipline. Également, en collaboration avec le ministère de l'Économie et des Finances, un observatoire de l'économie du sport a été créé, visant à montrer l'importance du sport, tant pour les bienfaits de sa pratique que pour les retombées économiques qu'il génère. Et cet observatoire met en relation directe des chercheurs, des universitaires et des professionnels du sport.

SPORT ET RÉUSSITE SOCIALE

Encore aujourd'hui, la distinction sociale du sport s'affiche et s'affirme. Dans leur livre *Sociologie du football*, paru en 2020, les sociologues Frederic Rasera et Stéphane Beaud démontrent que la pratique du football, sport numéro un en France, s'homogénéise à destination des catégories inférieures, au fur et à mesure que l'âge avance. Entre 5 et 12 ans, il n'y a quasiment aucune différence sociale dans la pratique du football, les enfants d'ouvriers pratiquent tout autant que les enfants d'employés ou de cadres et professions intellectuelles supérieures. Mais, lorsque arrive le moment des choix stratégiques pour assurer la réussite sociale, on assiste à une homogénéisation par le bas, avec une fuite des catégories supérieures, faisant le choix de l'école et non du sport. Dans les catégories jeunes, entre 13 et 18 ans, on observe une surreprésentation des fils d'ouvriers et d'employés, et une diminution progressive des fils de cadres et professions intellectuelles supérieures. « Pour les 17-18 ans, les joueurs qui étaient lycéens en filière générale se mettraient davantage à décrocher du football de club, de telle sorte que l'éventail du recrutement social et scolaire de cette catégorie d'âge tendrait à se réduire. On y trouverait alors une plus grande part d'élèves déscolarisés ou se vivant comme relégués en lycée professionnel[5]. »

Ce qui est vrai pour le football l'est pour d'autres disciplines, et le sport a bel et bien un caractère distinctif.

Pratiquer un sport à l'adolescence est un marqueur social, souvent spécifique aux classes inférieures. Il n'est pas valorisé ni mis en avant, et donc n'est pas tenu ni privilégié par les catégories supérieures, cherchant à maximiser les chances de réussite dans les études. On va d'abord miser sur la performance dans les disciplines reines, en histoire, culture générale, littérature, mathématiques, et on va reléguer le sport à une simple matière secondaire. En somme, pour beaucoup, sportif n'est pas un métier.

5. Frederic Rasera et Stéphane Beaud, *Sociologie du football*, La Découverte, 2020.

Le sport en entreprise

À l'arrivée dans le monde professionnel, cette spécificité se confirme. On ne valorise pas la pratique sportive en entreprise, on considère qu'elle relève des hobbies. Elle est rarement évoquée lors d'entretiens de recrutement, les sports pratiqués étant relégués à la dernière ligne du CV, et elle n'est mise en avant que si cela concerne une pratique de haut niveau et d'excellence. Avoir une pratique sportive amateur n'est absolument pas considéré auprès des organismes de recrutement et de ressources humaines. Tout l'inverse de véritables nations sportives, comme les États-Unis ou l'Australie. Ce que répète Béatrice Barbusse : « Dans ces pays, faire un sport assure une notoriété, une excellence, une réputation. [...] On peut être admis à l'université grâce au sport et être embauché grâce à ce même sport, dans le monde professionnel. [...] Les recruteurs voient les disciplines sportives comme une reconnaissance psychologique, physiologique, comme un moyen d'appréciation des qualités humaines et managériales. Le sport est un véritable déterminant de la réussite individuelle. » Dans son livre *DRH. Le livre noir*[6] (2013), Jean-François Amadieu, professeur en sciences de gestion à l'université Paris 1 Panthéon-Sorbonne, montre que les recruteurs accordent parfois plus d'importance à la graphologie ou à l'astrologie qu'à la pratique sportive, alors que pratiquer un sport collectif, un sport technique, un sport de précision, un sport d'endurance permet évidemment de développer des compétences, des traits de caractère et des forces essentiels à la vie professionnelle. Jean-Baptiste Guégan adhère à ce postulat : « Il y a un déficit de reconnaissance des compétences sportives dans le processus de recrutement. La pratique sportive permet de développer les *soft skills* et les *hard skills* comme le leadership, le management, la capacité à penser l'autre, à gérer l'altérité, à construire de l'unité, etc. Et toutes ces dimensions ne sont pas encore valorisées et justement appréhendées. »

Laura Flessel lors de la demie-finale des Championnats du monde d'escrime en 2005, à Leipzig.

6. Jean-François Amadieu, *DRH. Le livre noir*, Seuil, 2013.

Le sport et la politique, deux mondes à part

Laura Flessel lors de la 131e session des CIO, à Lima en 2023.

Ce qui entraîne une conséquence directe sur la reconnaissance politique du sport. Précédemment, Béatrice Barbusse et Alexandre Jaafari expliquaient que le sport n'était pas assez valorisé et respecté en France, faute d'avoir su, contrairement à la culture, se politiser et hisser haut des idéaux et des combats moraux tels que la lutte contre l'homophobie, le racisme ou les inégalités. Faute d'avoir su donner une valeur politique à son enseignement et à sa pratique, le sport est resté au rang de loisir et de hobby. Pour Marie-George Buffet, la vision des élites politiques et des dirigeants pour le sport et le monde sportif est au point mort : « Comment faire pour que le sport devienne une question politique au même titre que la santé, la culture ou le travail ? Dans la vie politique française, on est toujours prêt à aller dans les tribunes présidentielles pour se montrer, mais on ne débat pas du sport. Aux élections présidentielles ou lors des législatives, lorsqu'on veut interroger les candidats sur leur programme sportif, on vous regarde avec des yeux exorbités. Tout le monde a un avis sur l'éducation, la santé, l'emploi, etc. Mais personne n'a une vision claire et défendue sur la politique sportive. On ne parle pas du sport et ça n'étonne personne. »

Le sport n'a jamais été au cœur des prérogatives françaises, n'a jamais obtenu, ou trop rarement, un ministère de plein exercice, a régulièrement été relégué au rang d'un secrétariat d'État et mis sous la tutelle d'un grand portefeuille, comme la Santé ou l'Éducation nationale. Son budget reste chétif, à moins de 0,4 % du budget total de l'État. « Un pays qui veut être une nation sportive se doit de consacrer *a minima* 1 % de son budget d'État aux sports, nous en sommes loin », précise Marie-George Buffet. Lorsque le gouvernement souhaite soutenir la pratique sportive des Français, il vote un Pass Sport, une aide pour l'adhésion à des clubs de sport, à 50 euros, pendant que le ministère de la Culture, son rival historique, obtient un Pass Culture de 300 euros pour tous les jeunes entre 15 et 18 ans. D'ailleurs, la Culture a un budget de 4,25 milliards d'euros, quatre fois plus élevé que les Sports, assure la gestion d'institutions prestigieuses telles que l'Opéra de Paris ou la Comédie-Française depuis le XVIIe siècle et jouit d'une immense reconnaissance et de notoriété.

« Comment faire pour que le sport devienne une question politique au même titre que la santé, la culture ou le travail ? »

Les personnalités politiques se bousculent pour être nommées à la tête du portefeuille de la Rue de Valois pendant que d'autres rechignent à récupérer le portefeuille des Sports. D'ailleurs, les professionnels de la vie politique à la tête des Sports se comptent sur les doigts de la main, comme Marie-George Buffet, Roselyne Bachelot (qui avait déclaré publiquement ne pas s'être sentie à sa place) ou Thierry Braillard. En revanche, on retrouve essentiellement d'anciens sportifs au ministère des Sports, comme Jean-François Lamour, escrimeur, Bernard Laporte, rugbyman, Chantal Jouano, karatéka, Laura Flessel, escrimeuse, Roxana Maracineanu, nageuse, ou Amélie Oudéa-Castéra, joueuse de tennis. Dans le sens inverse, on n'enregistre que David Douillet, ancien sportif de haut niveau et champion olympique de judo, à la tête d'un portefeuille autre que les Sports, les Français de l'étranger, en 2011. « On n'imaginerait jamais un ancien général à la tête du ministère des Armées, mais pour les Sports, on a ce réflexe, analyse Cédric Roussel, ancien député et actuel délégué interministériel chargé du Sport. Il est pourtant important d'avoir des gens qui connaissent l'Administration, qui connaissent la politique, qui connaissent le langage politique et fassent en sorte que le sport devienne un sujet beaucoup plus présent. »

C'est « la distinction entre le corps et l'esprit », admet Chérif Ghemmour, journaliste à So Foot et auteur du livre *Terrain miné : quand la politique s'immisce dans le foot*[7] (2013). Il écrit : « Il y a toujours eu une distinction entre le sport et les arts, une gêne pour le premier et une supériorité pour les seconds. Les gens se cachent pour lire *L'Équipe* lorsqu'ils arrivent aux ministères. *Idem* dans les prix littéraires, on va distinguer la littérature sportive du reste comme si on ne pouvait pas écrire un bon livre de sport. Et il y a un effet grossissant avec les présidents. Jacques Chirac ne connaissait pas les noms des joueurs de l'équipe de France, François Mitterrand n'a jamais affiché son intérêt pour le sport. Même Nicolas Sarkozy, qui est un véritable passionné du sport, grand supporter du PSG, était moqué et méprisé, lorsqu'il était à l'Élysée, par une certaine élite intellectuelle. Dans l'inconscient collectif, le sport n'est pas important pour le politique. Encore plus si on le compare avec le monde anglo-saxon, où les élites s'identifient, apprécient et adhèrent au sport. »

« Un pays qui veut être une nation sportive se doit de consacrer a minima 1 % de son budget d'État aux sports, nous en sommes loin. »

7. Chérif Ghemmour, *Terrain miné : quand la politique s'immisce dans le foot*, Hugo Sport, 2013.

Tout cela donne le sentiment que le sport n'aurait pas un objet ou un caractère politique à part entière, ne serait que du ressort des sportifs et n'intéresserait pas directement les responsables politiques. Les énarques ne valorisent pas le sport et les sportifs n'ont, comme seule perspective d'évolution et de carrière en politique, que le ministère des Sports et les instances associées. On utilise les sportifs pour leur réputation, leur renommée, leur capital sympathie, mais jamais on ne les considère pour ce qu'ils sont réellement, pour ce qu'ils peuvent apporter et pour leurs compétences spécifiques. Ils ne deviennent finalement que de simples têtes de gondole, tout juste bons à afficher leur succès médiatique. En parallèle, on ne perçoit pas l'intérêt de soutenir les prérogatives sportives, de mettre des gens compétents, diplômés, à la tête du sport afin d'obtenir les meilleurs résultats possibles. En France, on est toujours incapable de jauger les impacts sociaux, sociétaux, économiques, culturels du soutien au sport. Son champ politique reste quasiment désert et son chant politique atone.

Passer de nation active à nation sportive

Il faut noter avec un soupçon d'optimisme que les choses changent. Lentement et à petite échelle, mais elles évoluent. Le budget des Sports augmente depuis 2017, il dépasse le milliard d'euros en 2023, alors qu'il n'était que de 480 millions en 2018. La grande cause nationale 2024, qui favorise l'activité physique, aura semé des graines prometteuses. Elle est aussi le signe que les politiques ont pris la mesure de l'enjeu. Les défis qui sont devant nous sont pluriels : augmenter la pratique du sport à l'université, imposer la présence du sport en entreprise et donner au sport un vrai projet politique qui fasse société. Espérons que cela se concrétise et que, de nation active, nous devenions véritablement une nation sportive.

AUTOUR DU MONDE

Quelles sont les nations les plus sportives ? Difficile de se prêter au jeu des comparaisons. Si les États-Unis ont fait de leurs universités des vitrines sportives, plébiscitées et valorisées, l'obésité y reste un fardeau majeur (40 % de la population adulte, selon un rapport de l'US Center for Disease Control and Prevention). Et si les pays du Nord, comme la Norvège ou la Suède, ont pleinement intégré le sport dans leurs modes de vie, les inégalités demeurent prégnantes. Un coup d'œil chez nos voisins permet du reste de tirer quelques enseignements : valorisation du sport universitaire aux États-Unis, activité physique généralisée en Australie, sport en entreprise banalisé en Finlande... Les initiatives se multiplient pour favoriser l'activité physique, partout dans le monde.

PETIT TOUR DU MONDE DE LA PRATIQUE DU SPORT

Mais concrètement, où se situe la France ?

Dans l'Hexagone, à l'âge de 11 ans, 14 % du temps scolaire est consacré à la pratique sportive, mais seulement 9 % des filles et 17 % des garçons pratiquaient soixante minutes d'activité physique[1] en 2018. C'est largement en dessous de la moyenne européenne, située à 19 % pour les filles et 26 % pour les garçons.

Selon une enquête Pisa menée en 2015, moins de 40 % des élèves français pratiquaient au minimum trois jours par semaine une activité d'une durée d'au moins vingt minutes (au même niveau que le Brésil, la Colombie, la Tunisie ou la Turquie). À titre de comparaison, l'enquête établit que plus de 60 % des jeunes d'Islande, de Norvège, de Pologne et de Suède sont actifs. « Ce sont des questions de mentalité, avance Michel Cymes. C'est sûr qu'il y a le Bangladesh devant nous en matière d'activité physique, parce que les gamins n'ont pas d'écrans et vont à pied à l'école. Mais parmi les pays très développés, on est très mauvais. »

Chez les adultes, on retrouve sans surprise un classement relativement proche. L'Ouganda a été classé comme le pays le plus actif dans le rapport du *Lancet* sur l'activité physique, avec 95 % des adultes physiquement actifs. Ce n'est pas parce que tout le monde va à la salle de sport, mais parce que la majorité de la population réalise ses déplacements à pied. Mais l'Australie, la Norvège, l'Islande, la Suède et le Danemark présentent eux aussi des taux de participation à des activités physiques importants (80 %). La France montre quant à elle une activité plus faible, et figure aux côtés des États-Unis, du Royaume-Uni, de l'Allemagne et de l'Italie (de 36 à 57 %). Suivent les pays d'Europe de l'Est et du Sud (25 à 35 %). Les pays d'Amérique latine et

1. Soit le temps d'activité physique recommandé par l'Organisation mondiale de la santé, temps scolaire et extrascolaire confondus.

des Caraïbes ferment la marche, aux côtés de l'Afrique du Nord et du Moyen-Orient. Plus de 40 % de la population du Brésil, d'Argentine, de Colombie, du Costa Rica ont une activité physique insuffisante.

Pour approfondir la comparaison, nous avons passé au crible huit nations, reconnues pour l'importance culturelle et économique qu'elles donnent au sport, ou pour leurs performances sportives lors des événements internationaux. Tour d'horizon (non exhaustif) de l'activité physique dans le monde.

« La France montre une activité plus faible, et figure aux côtés des États-Unis, du Royaume-Uni, de l'Allemagne et de l'Italie. »

LA FINLANDE

S'il fallait désigner un champion du sport santé, la Finlande décrocherait le titre olympique. Le pays accorde une grande place à la pratique physique et sportive et figure en tête des pays les plus actifs, selon les rapports de la Commission européenne. Parmi la population adulte, 90 % des individus font de l'exercice deux fois par semaine et environ 20 % s'investissent dans des clubs ou fédérations. Au-delà de la seule pratique, la moitié des femmes et un tiers des hommes disent se rendre à vélo au travail. Les employeurs finlandais financent les activités de leurs employés, aussi bien pour des licences que dans l'achat de matériel d'entraînement.

Les enfants finlandais en particulier ont une pratique bien au-dessus de la moyenne européenne. Le système éducatif n'offre pourtant qu'une ou deux séquences de quarante-cinq minutes par semaine d'éducation physique, mais les journées d'école sont très courtes, ce qui permet aux enfants de pratiquer en club l'après-midi, au sein de l'établissement[2]. Les activités sont proposées en fonction des installations, et les équipements locaux sont généralement de très bonne qualité. Le pays en compterait trente mille, ce qui, ramené au nombre d'habitants, serait la plus grande concentration au monde. Le pays compte aussi de nombreux espaces naturels, plébiscités pour le ski ou la randonnée.

Au sein du gouvernement finnois, c'est le ministère de l'Éducation et de la Culture qui est responsable du développement de l'éducation, de la science, de la culture, du sport et des politiques au bénéfice de la jeunesse. Une partie des fonds de la loterie nationale sert à financer les installations sportives et la recherche. L'approche est celle du sport pour tous, qui permet moins de faire émerger des sportifs de haut niveau (la Finlande a terminé 85e des derniers JO d'été, et 16e des JO d'hiver au tableau des médailles et n'a remporté aucune médaille lors des Jeux de Paris 2024.) que d'assurer d'une façon générale la formation des jeunes et le bien-être de la population.

2. Une expérimentation menée en France en 2011 sur 120 établissements et 7 500 élèves avait essayé le système « école le matin, sport l'après-midi ». L'Anestaps avait alerté les pouvoirs publics concernant le manque d'aménagement dans l'exploitation des infrastructures sportives et sur le manque de professeurs d'EPS.

LA SUÈDE

Armand Duplantis célébrant sa victoire au saut à la perche lors des Championnats d'Europe d'athlétisme à Rome, 2024.

Plus de 91 % des Suédois pratiquent un sport[3] au moins une fois par semaine (contre seulement 51 % des Français). Près de 3,3 millions de Suédois, sur un pays composé d'un peu moins de 7 millions de personnes âgées de 7 à 70 ans, qui pratiquent en club une activité physique, dont 650 000 en compétition. En 2016, le gouvernement a interdit le classement des équipes pour les moins de 13 ans dans l'objectif d'éviter de rebuter les jeunes qui mettraient plus de temps à développer leurs capacités.

Logé au sein du ministère de la Santé et des Affaires sociales, le ministère des Sports est l'agence responsable de la politique sportive. Le pays a mis en place une politique du sport ambitieuse qui entend faire du système sportif suédois le « meilleur du monde » d'ici à 2025, à tous les niveaux. Le soutien financier du gouvernement au sport en Suède s'élève à plus de 2 milliards de SEK, soit environ 187 millions de dollars américains.

Le haut niveau est organisé par le Comité olympique suédois et les athlètes d'élite s'entraînent dans un centre d'entraînement national de classe mondiale, appelé Bosön. Ces dernières années, les dépenses consacrées au sport d'élite ont nettement augmenté et la Suède s'est fixé pour objectif de remporter 20 médailles lors des Jeux olympiques d'hiver de 2026.

Le ministère travaille en étroite collaboration avec la Confédération suédoise des sports, qui regroupe plus de 70 fédérations sportives nationales et 1 000 associations sportives, et qui est responsable de l'orientation stratégique du sport suédois. Son objectif est de faire pratiquer « le plus grand nombre possible, le plus longtemps possible ». Les Suédois disposent de belles infrastructures, mais sont également connus pour leur goût pour les activités de plein air. Depuis la fin des années 1980, le sport en entreprise s'est également généralisé. Ces dernières peuvent donner jusqu'à 500 euros par an à leurs salariés pour les aider à financer leur activité sportive.

3. Convention contre le dopage (T-DO), « Projet sur le respect des engagements. Respect par la Suède de la Convention contre le dopage », 4 novembre 2004. https://rm.coe.int/projet-sur-le-respect-des-engagements-respect-par-la-suede-de-la-conve/168073ad2d.

LA NORVÈGE

C'est le pays de Jakob Ingebrigtsen (athlétisme), Erling Haaland (football), Casper Ruud (tennis), Magnus Carlsen (échecs) et Johannes Thingnes Boe (biathlon). C'est aussi le pays au système sportif le plus abouti au monde, avec d'excellents résultats en matière de participation des enfants et des adolescents. Numéro un des sports d'hiver, malgré « seulement » 5,4 millions d'habitants, le pays façonne de nombreuses stars, sur un modèle singulier. Avant l'âge de 13 ans, la compétition locale est encouragée et l'entraînement adapté au développement des jeunes. Ce n'est qu'après cet âge que les enfants les plus prometteurs entrent dans le système de haute performance.

Le sport est reconnu comme un élément important pour aider le pays à atteindre ses objectifs en matière de santé publique, de développement de la citoyenneté, etc. La Norvège coordonne le développement du sport par le biais de la Confédération des sports (NIF), qui comprend 55 fédérations sportives, 19 confédérations régionales et 370 conseils sportifs. Le NIF est supervisé par le Département de la politique du sport du ministère de la Culture et a pour devise *La joie du sport pour tous*.

Près de 64 % des recettes des jeux de hasard norvégiens sont orientés vers l'écosystème sportif, qui reçoit environ 400 millions de dollars par an. La majeure partie est reversée aux communautés pour les aider à former des entraîneurs, à acheter des équipements et à construire des installations. En Norvège, le sport est roi.

LE ROYAUME-UNI

Berceau de la plupart des sports modernes, le sport revêt une importance considérable au Royaume-Uni, tant sur le plan social et économique que politique. Le pays possède certaines des plus grandes installations sportives au monde et la plupart des stades, piscines olympiques, pôles nautiques sont administrés par des acteurs privés ou par des universités. Les compétitions universitaires y sont de fait très importantes : plus de 6 000 équipes évoluent dans des ligues de 53 sports différents coordonnées par le British Universities and Colleges Sport (BUCS).

Largement autonome, le monde sportif britannique a dû se réinventer après l'échec des Jeux olympiques d'Atlanta, en 1996, après que la Grande-Bretagne n'a décroché qu'une seule médaille d'or (36e nation). Le gouvernement travailliste de Tony Blair avait alors décidé d'accroître considérablement les aides publiques allouées au sport et de structurer une politique sportive globale. En janvier 1997, UK Sport est créée. L'institution – financée à 50 % par des fonds publics et à 50 % par les revenus de la loterie nationale – investira un total de 629 millions de livres (800 millions d'euros) dans le sport de haut niveau entre 1997 et 2013. Liz Nicholl, présidente à l'époque de UK Sport, résumait ainsi les ambitions de l'institution : « Nous soutenons essentiellement les athlètes et les sports que nous estimons capables d'obtenir une médaille aux prochains JO ou aux suivants. » Une stratégie centrée sur le haut niveau qui a porté ses fruits : de 36e nation sportive à Atlanta, la Grande-Bretagne est remontée en 10e place quatre ans plus tard, avant d'atteindre la 3e place à Londres lors de Jeux à domicile, avec 64 médailles, dont 29 en or. Le Royaume-Uni n'est toutefois pas parvenu à généraliser l'activité physique au sein de la société, malgré plusieurs programmes communautaires promouvant la diversité et l'inclusion.

L'ALLEMAGNE

Le modèle allemand, « école le matin, sport l'après-midi », a longtemps été présenté comme un exemple en Europe. La notion de sport à l'école ne se réfère pas seulement aux cours d'éducation physique et sportive, mais également à une large gamme d'activités physiques et sportives pratiquées au sein des établissements sur le temps extrascolaire. Depuis une dizaine d'années, ce modèle est de moins en moins vrai, avec un retour de l'école à temps plein. La fédération du sport scolaire préconise une heure d'activité physique par jour dans les écoles primaires et trois heures hebdomadaires dans le secondaire. « Les installations sportives sont très développées, toutes les écoles (ou presque) ont une halle de sport en propre. Beaucoup d'écoles utilisent aussi, en plus, les installations de la commune. L'offre d'équipement est à l'image de l'importance du sport dans le pays », détaille le rapport parlementaire sur la place du sport à l'école de Robert Lecou, député de l'Hérault, en 2012[4].

Le gouvernement fédéral promeut le sport de haut niveau, tandis que les Länder et les gouvernements locaux ont la responsabilité de promouvoir le sport récréatif pour tous. La Confédération allemande des sports olympiques (DOSB) est l'entité non gouvernementale qui supervise le sport allemand. Ce dernier reçoit 293 millions d'euros de financement annuel du ministère fédéral de l'Intérieur et de la Communauté. Comme dans les pays du Nord, les clubs et associations constituent l'épine dorsale du DOSB, qui s'appuie sur l'interconnexion plutôt que sur un contrôle gouvernemental descendant.

4. « Le sport à l'école et le sport scolaire », rapport parlementaire établi par Robert Lecou, député de l'Hérault, février 2021.

LES ÉTATS-UNIS

Les États-Unis constituent le plus grand marché sportif au monde, et abritent les ligues professionnelles et franchises les plus prestigieuses (NBA, NFL, NHL). Son modèle sportif rayonne bien au-delà de ses frontières, notamment à travers les universités, qui attirent de nombreux jeunes athlètes, venus du monde entier. Le sport universitaire, régi par la National Collegiate Athletic Association (NCAA), rivalise de popularité avec le sport professionnel.

Concernant le sport d'élite, les États-Unis tiennent solidement la tête du tableau des médailles depuis la création des Jeux modernes, en 1896. Mais au-delà de cette vitrine sportive d'élite, il n'existe pas de gouvernance sportive dans le pays, et la population américaine se heurte à une pratique coûteuse et peu accessible.

Le contrôle du Congrès a été incohérent, se limitant à des audiences occasionnelles découlant de divers scandales, et aucun gouvernement d'État n'a de ministère des Sports et des Loisirs. Le Comité olympique et paralympique des États-Unis distribue certes plus de 100 millions de dollars par an aux *national governing bodies*, les organismes chargés de coordonner les activités de sport amateur pour les jeunes. Mais la grande majorité est destinée à l'entraînement des athlètes de haut niveau.

Préoccupés par des taux d'obésité et de maladies chroniques croissants, le gouvernement fédéral, le secteur privé, les organisations à but non lucratif, les organisations communautaires et les gouverneurs des États se sont toutefois emparés de la question en développant diverses initiatives. Le programme des « *Active Schools* » (lancé en 2013 dans le cadre de la campagne « *Let's Move!* » de Michelle Obama) essaie, par exemple, d'intégrer soixante minutes de mouvements et de jeu dans la journée de chaque élève, de la maternelle à la douzième année, dans plus de 23 000 écoles. Mais en l'absence d'une stratégie nationale sur l'activité physique, les initiatives demeurent fragmentées et les résultats inégaux.

L'AUSTRALIE

L'Australie se présente comme le pays le plus sportif du monde ! Le sport fait partie intégrante de l'identité nationale et les *Aussies* se passionnent tant pour les sports organisés (football australien, football, rugby, cricket) que pour les activités non structurées (surf, vélo, skateboard). Les organisations communautaires sont soutenues par des investissements publics et par des organismes sportifs fédéraux et étatiques. La structuration du système sportif est efficace : le ministère des Sports supervise la Commission australienne des sports (ASC) et l'Institut australien du sport, responsables respectivement du mouvement sportif de masse et du système sportif d'élite.

L'Australie se prépare à une décennie exceptionnelle de sport. Entre 2022 et 2032, le pays va accueillir pas moins de 30 événements sportifs internationaux, parmi lesquels figure la Coupe du monde masculine de cricket en 2022, les Coupes du monde de rugby en 2027 (masculin) et 2029 (féminin), la Coupe du monde de football féminin (été 2023) et les Jeux olympiques d'été à Brisbane, en 2032.

Malgré la diffusion du sport, l'Australie est touchée de plein fouet par le fléau de l'obésité et du surpoids (deux tiers des adultes et un quart des enfants sont concernés). En 2023, le gouvernement a rendu prioritaire le développement de la pratique sportive auprès des personnes de plus de 65 ans et des enfants, à travers la stratégie « Play Well », qui s'étendra jusqu'aux Jeux olympiques de Brisbane, en 2032.

LA CHINE

La culture traditionnelle chinoise considère la forme physique comme une composante importante de la santé. Mais le tournant sportif du pays date de la création de la République populaire de Chine, en 1949. Les dirigeants communistes chinois ont alors vu dans le sport un moyen d'améliorer la « qualité physique du peuple » et de faire briller la nation. « Dites-vous que la balle de ping-pong représente la tête de votre ennemi capitaliste. Frappez-la avec votre raquette socialiste et vous marquerez des points pour la mère patrie », enjoint Mao Zedong, qui décrète le tennis de table sport national en 1960. Dix ans plus tard naîtra la célèbre « diplomatie du ping-pong », un rapprochement de pongistes américains et chinois en pleine guerre froide.

Le tournant vers le haut niveau s'opère en 1980, lorsque Wang Meng, ministre des Sports, appelle à « développer l'élite du sport » pour « faire de la Chine une superpuissance » et qu'en 1986 est élaboré le « *Juguo Tizhi* » : le soutien de l'ensemble du pays au système sportif de haut niveau[5]. En une vingtaine d'années, la Chine s'est élevée au rang de superpuissance sportive. Lors des Jeux olympiques de Pékin, en 2008, elle a même détrôné les États-Unis en finissant pour la première fois en tête du tableau des médailles et lors des Jeux paralympiques de Paris 2024, la Chine a survolé les compétitions en remportant 220 médailles. En Chine, le sport reste toutefois l'apanage d'une petite élite sportive, recrutée et entraînée dès le plus jeune âge.

Aujourd'hui, l'Administration générale du sport (GAS), qui chapeaute la stratégie olympique, relève directement du gouvernement central. En 2023, le gouvernement a consacré 23,3 milliards de yens (3 milliards d'euros) au sport. À titre de comparaison, le budget historique de 2024, en France, atteint 900 millions. D'ici à 2025, le *Public service system of national fitness* entend toutefois mettre 38,5 % de la population à l'exercice physique à travers des événements de masse, de nouvelles installations et des journées nationales de remise en forme.

5. « La Chine, première puissance sportive de demain ? », The Conversation, 12 décembre 2021. https://theconversation.com/la-chine-premiere-puissance-sportive-de-demain-173551.

LE SPORT, C'EST LA SANTÉ

La France, terre de sport faute d'être nation sportive, a-t-elle pris la mesure de ce que la pratique physique pouvait lui apporter, au-delà des seuls terrains de sport ? Le constat de Michel Cymes, médecin et ambassadeur santé de Paris 2024, est alarmant : « La France accuse un sérieux retard en matière d'activité physique et de lutte contre la sédentarité. Nous sommes un pays compliqué, non seulement parce qu'il y a la tentation des écrans, mais aussi parce qu'il n'y a pas de valorisation de l'effort physique. »

L'épidémie de sédentarité est de fait une bombe à retardement : 70 % des femmes et 42 % des hommes sont exposés à un risque majeur de détérioration de leur santé en raison d'un excès de temps passé assis, selon une étude de l'Anses publiée en février 2022. Plus encore, 80 % des enfants et des adolescents français ne respectent pas les recommandations de l'Organisation mondiale de la santé (OMS), qui estime à soixante minutes la durée d'activité physique quotidienne nécessaire pour être en bonne santé.

« Notre corps est fait pour bouger. Chaque contraction musculaire stimule des gènes qui dictent la construction de molécules, de courte durée d'action, qui diminuent en moyenne de 30 % le risque de développer une maladie chronique », explique dans ses interventions le professeur François Carré, cardiologue, médecin du sport et spécialiste de l'activité physique adaptée. L'un de ses marqueurs est l'augmentation constante des taux d'obésité infantile. En France, en 2017, 20 % des enfants de 6 à 17 ans étaient en surpoids, dont 5,4 % en situation d'obésité[1].

1. « Mieux prévenir et prendre en charge l'obésité en France », Martine Laville, avril 2023. https://sante.gouv.fr/IMG/pdf/rapport_laville.pdf.

Il est donc urgent de s'attaquer aux mauvaises conditions de vie, de travail et d'accès aux équipements sportifs. Le professeur Jean-François Toussaint, directeur de l'Institut de recherche biomédicale et d'épidémiologie du sport (Irmes), alertait déjà il y a quinze ans sur la sédentarisation croissante de nos modes de vie « qui nous amènent à effectuer aujourd'hui environ le dixième de l'effort physique réalisé par nos ancêtres au XVIIIe siècle[2] ». Les ascenseurs ont remplacé les escaliers, les voitures se sont substituées à la marche et le développement des écrans et du télétravail a fait exploser l'inactivité. Le développement des services à distance (faire ses courses, regarder un film, faire livrer son repas) aggrave également les risques de creuser les inégalités d'accès à des modes de vie sains et actifs[3]. Or peu de considération a été portée à l'activité physique au sein des politiques publiques de santé. Il y a urgence à agir.

« La France se classe 119e sur 146 pays, selon l'OMS. On ne parle pas de médailles ou de résultats sportifs. Non ! Ce classement, c'est le niveau de pratique d'activités physiques et sportives chez les adolescents en 2020. »

Michel Cymes

2. « Retrouver sa liberté de mouvement », ministère de la Santé, de la Jeunesse, des Sports et de la Vie associative, 15 novembre 2008.

3. Régis Juanico, François Carré (préface), *Bougeons ! Manifeste pour des modes de vie moins sédentaires*, *op. cit.*.

LE PÉRIL JEUNE ET L'URGENCE D'AGIR

Selon l'OMS, la sédentarité est la 4e cause de décès prématurés (hors maladies transmissibles) après le tabagisme, la consommation excessive d'alcool et les facteurs nutritionnels[4] ; elle est responsable de 9 % des décès en France. C'est dix fois plus que les accidents de la route !

Nul n'est épargné. Les projections de l'OMS et du ministère de la Santé français prévoient des millions de malades chroniques supplémentaires, de plus en plus jeunes, dans les dix ans qui viennent. « De nombreux adolescents présentent, désormais, des maladies de "vieux" comme le diabète de type 2, des maladies mentales, la dépression ou des infarctus du myocarde avant 30 ans. Nous sommes dans une situation de passivité chronique », alerte Michel Cymes, médecin et membre du collectif « Pour une France en forme ».

4. Harold W. Kohl *et al.*, « *The pandemic of physical inactivity: global action for public health* », *The Lancet*, vol. 380, 21-27 juillet 2021.

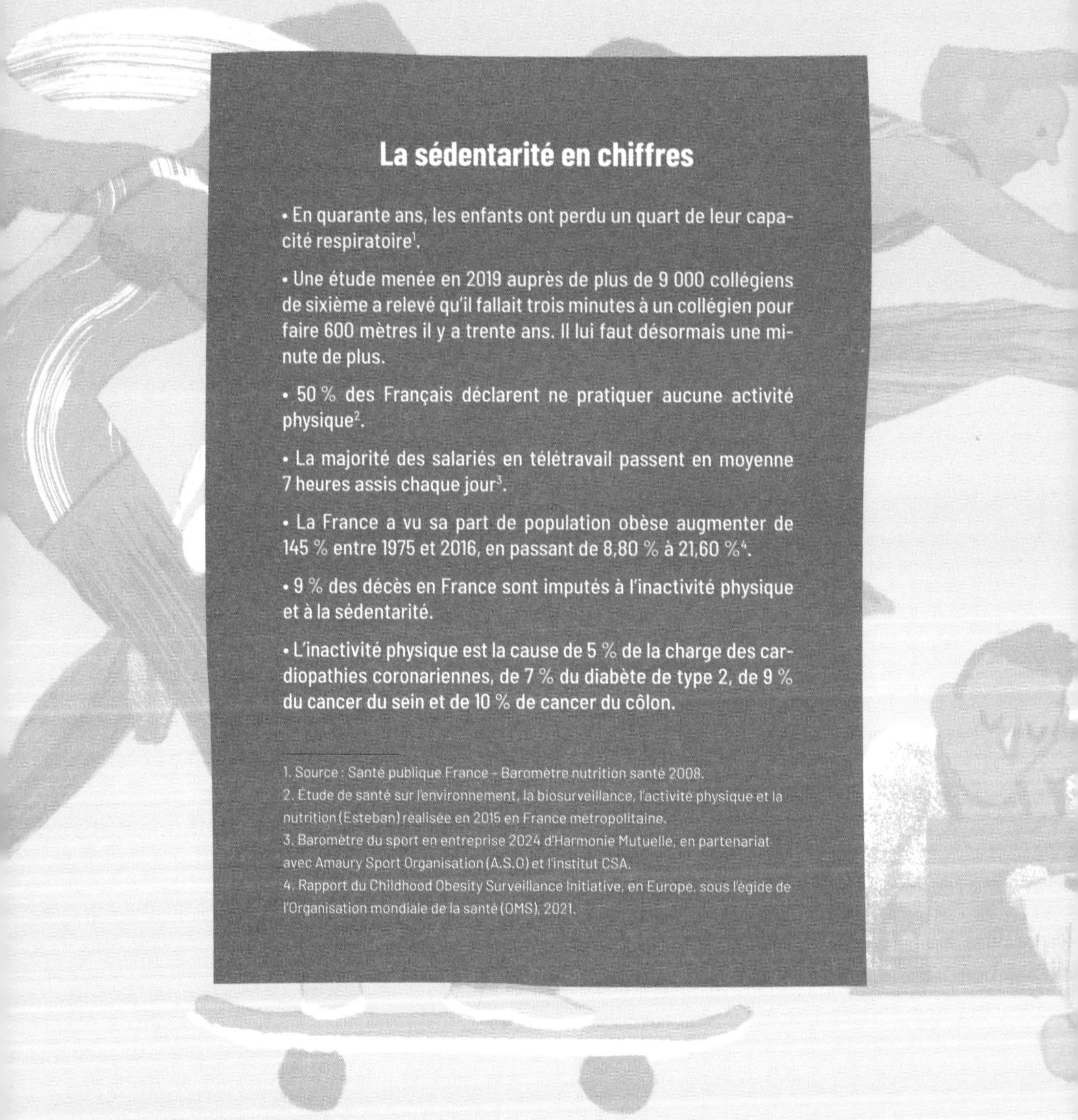

La sédentarité en chiffres

• En quarante ans, les enfants ont perdu un quart de leur capacité respiratoire[1].

• Une étude menée en 2019 auprès de plus de 9 000 collégiens de sixième a relevé qu'il fallait trois minutes à un collégien pour faire 600 mètres il y a trente ans. Il lui faut désormais une minute de plus.

• 50 % des Français déclarent ne pratiquer aucune activité physique[2].

• La majorité des salariés en télétravail passent en moyenne 7 heures assis chaque jour[3].

• La France a vu sa part de population obèse augmenter de 145 % entre 1975 et 2016, en passant de 8,80 % à 21,60 %[4].

• 9 % des décès en France sont imputés à l'inactivité physique et à la sédentarité.

• L'inactivité physique est la cause de 5 % de la charge des cardiopathies coronariennes, de 7 % du diabète de type 2, de 9 % du cancer du sein et de 10 % de cancer du côlon.

1. Source : Santé publique France - Baromètre nutrition santé 2008.
2. Étude de santé sur l'environnement, la biosurveillance, l'activité physique et la nutrition (Esteban) réalisée en 2015 en France métropolitaine.
3. Baromètre du sport en entreprise 2024 d'Harmonie Mutuelle, en partenariat avec Amaury Sport Organisation (A.S.O) et l'institut CSA.
4. Rapport du Childhood Obesity Surveillance Initiative, en Europe, sous l'égide de l'Organisation mondiale de la santé (OMS), 2021.

Axel Clerget, champion olympique de judo à Tokyo en 2021 et kinésithérapeute, observe-lui aussi les effets de la sédentarité dans son cabinet de Villiers-sur-Marne : « La France n'est pas un pays de sport, notamment en raison de son manque de considération pour l'activité physique. Cela m'a toujours marqué : dans les pays de l'Est, quand on part en compétition, on voit les jeunes qui font des saltos, des roues, ils bougent ! Ici, on demande aux enfants de rester derrière un bureau. » Le judoka s'est notamment engagé auprès de la Team Sport Santé de la Villa M, aux côtés de six autres athlètes de haut niveau – tous professionnels de la santé – pour promouvoir l'activité physique comme outil de santé préventive.

CE QUE LA PRATIQUE SPORTIVE PEUT APPORTER COMME BIENFAITS

Si le mal est connu, le remède l'est tout autant : bouger ! L'activité physique régulière, même à intensité modérée, réduit les risques d'obésité, les troubles anxieux, le manque d'estime de soi. Elle contribue à une meilleure espérance de vie en bonne santé et préserve l'autonomie. Elle participe plus largement à la construction du capital physique, physiologique et psychosocial de l'ensemble des individus.

Il ne s'agit pas seulement de lancer un javelot ou de faire un match de football. Marcher, prendre les escaliers, faire le ménage, promener son chien ou travailler sur une station de travail active en variant les positions debout et assise sont autant de façons d'être actif dans sa journée. « L'enjeu, en France, c'est de changer la mentalité. Se mettre debout lors d'une réunion est quelque chose de très mal vu. Prendre une pause méridienne plus longue pour aller courir le midi aussi. Aux États-Unis ou en Australie, c'est au contraire encouragé et valorisé », expose Audrey Bergouignan, directrice du groupement de recherche « Sports et activités physiques » au CNRS et chercheuse sur l'activité physique, la nutrition et la santé métabolique à l'université de Strasbourg.

« L'enjeu, en France, c'est de changer la mentalité. »

Que l'on s'entende : l'activité physique ne va pas tout résoudre d'un coup de baguette magique. Mais elle apporte son lot de bénéfices : avec son équipe de recherche, Audrey Bergouignan a utilisé des modèles des sciences spatiales pour comprendre les effets de l'inactivité physique sur le corps des astronautes. Lors d'une expérience, elle a recréé les conditions de l'inactivité physique et de la sédentarité combinées, en maintenant allongés des volontaires pendant deux mois. Une cohorte est restée inactive, et l'autre a fait un grand nombre d'exercices physiques – bien au-delà des recommandations de l'OMS.

Résultat : l'activité physique du second groupe a permis de prévenir, en partie, certains effets de l'alitement, comme l'atrophie musculaire, les changements de typologie du muscle, la capacité oxydative du muscle et de la mitochondrie, la baisse de la capacité respiratoire et la sensibilité à l'insuline. « Par contre, on a observé que tout ce qui concerne le métabolisme des lipides, c'était la catastrophe ! Le foie, les os, les organes étaient altérés, contribuant au développement de troubles métaboliques, indique la chercheuse. Ça montre bien que l'activité physique seule, chez une personne sédentaire, ne suffit pas. Il faut intégrer du mouvement dans notre quotidien, au travail, à l'école. ». Il est courant d'utiliser « sédentarité » et « inactivité physique » de manière interchangeable. Or la plupart d'entre nous sommes actifs, mais sédentaires. Par exemple, nous pouvons passer huit heures assis devant un ordinateur, à l'école ou au bureau, avant d'aller faire un cours de fitness. Or, des études ont estimé que rester assis plus de 10 heures par jour augmente la mortalité de 34 % ! Et ce, même si l'on fait du sport après.

Qu'est-ce que l'activité physique adaptée, ou « sport sur ordonnance » ?

Le sport santé, ou l'activité physique adaptée (APA), consiste à intégrer les activités physiques et sportives dans la prise en charge médicale de certaines maladies, afin de réduire les facteurs de risque et les limitations fonctionnelles liés à l'affection de longue durée, et à réduire l'intensité des traitements médicamenteux. Elle s'adresse aux patients n'ayant pas un niveau régulier d'activité physique et qui ne peuvent augmenter leur niveau d'activité physique en autonomie, de façon adaptée et sécurisée, et incite à une pratique au long cours.

En France, la Haute Autorité de santé (HAS) a reconnu l'APA comme l'une des thérapeutiques non médicamenteuses possibles dès 2011. À l'initiative de Valérie Fourneyron, alors ministre des Sports (2012-2014), une instruction interministérielle du 24 décembre 2012 a fourni un premier cadre juridique. Quatre ans plus tard, le décret n° 2016-1990, entré en vigueur le 1er mars 2017, autorise le médecin traitant à prescrire une activité physique adaptée sur ordonnance, notamment pour les personnes atteintes d'un cancer. Une disposition de la loi du 2 mars 2022 sur la démocratisation du sport permet aux patients « atteints d'une maladie chronique ou présentant des facteurs de risques (surpoids, obésité, hypertension artérielle, dénutrition, sédentarité, dyslipidémies et conduites addictives), ainsi qu'aux personnes en situation de perte d'autonomie due au handicap ou au vieillissement », d'en bénéficier. Un premier pas vers une reconnaissance du sport santé.

En revanche, la prescription et la dispensation de l'APA ne font pas l'objet d'une prise en charge de l'assurance maladie (Cnam), qui a pour principe de ne pas rembourser les activités ayant des externalités positives sur la santé. Certaines mutuelles ou organismes de prévoyance proposent toutefois des remboursements ou financent une partie des séances.

« Mais dans son rapport 2024 sur l'évolution des charges et des produits, l'assurance maladie avait opéré une petite révolution en proposant d'ouvrir le remboursement de l'APA auprès de personnes atteintes de cancer ou de diabète. Le décret a malheureusement disparu quelques mois plus tard pour des raisons budgétaires et a été remplacé au Sénat par un dispositif beaucoup moins ambitieux qui propose, à titre expérimental et pour une durée de deux ans, des expérimentations dans quelques ARS pour les seuls patients atteints de cancers », se désole Régis Juanico, expert en politique publique sportive et auteur de plusieurs rapports d'information parlementaire sur le sport santé et la sédentarité. « Il faudra un jour ou l'autre rembourser le sport santé. Cela va le crédibiliser, montrer que c'est bon pour notre santé », insiste Michel Cymes.

L'ACTIVITÉ PHYSIQUE, UNE MESURE DE PRÉVENTION PARMI LES PLUS EFFICACES !

L'Organisation mondiale de la santé l'a démontré : la pratique régulière d'un sport réduit de 30 % le risque de décès et de maladies chroniques. À ce titre, avec l'alimentation, l'activité physique peut être considérée comme l'une des mesures préventives les plus efficaces.

Accélérer le virage de la prévention

Face aux défis de santé d'aujourd'hui (vieillissement de la population, essor des maladies chroniques, etc.), il est urgent d'engager le virage de la prévention. Pourtant, seuls 2 % des dépenses de santé y sont consacrés (source : DRESS 2021).

Pour accélérer le mouvement, Harmonie Mutuelle, premier assureur santé de France, membre fondateur du Groupe VYV et entreprise mutualiste à mission, est convaincue qu'il faut agir sur l'ensemble des facteurs qui impactent la santé, dont l'activité physique.

Créer le déclic

Pour engager et réussir ce virage préventif, notamment par l'activité physique, une prise de conscience collective et individuelle est nécessaire. Construire des solutions de prévention n'est pas suffisant pour faire évoluer les comportements, il faut agir sur les leviers émotionnels et relationnels pour déclencher le passage à l'action.

C'est le rôle précis joué par Harmonie Mutuelle, en complémentarité avec les autres acteurs engagés. Pour créer le déclic, l'entreprise à mission s'appuie notamment sur la relation d'ultra-proximité qu'elle entretient avec ses salariés et adhérents, et sur les actions concrètes qu'elle mène dans les territoires.

Harmonie Mutuelle, premier assureur à faire bouger les Français

En 2024, Harmonie Mutuelle a mis en mouvement près d'un demi-million de Français. Une mobilisation massive rendue possible par des partenariats noués avec plus de 500 événements sportifs organisés partout en France, dont l'Harmonie Mutuelle Semi de Paris. À l'occasion de ces événements, une attention particulière est portée aux primo-inscrits, car la mise en mouvement se mesure aussi à l'aune de l'entraînement préalable ainsi qu'à la persistance de la pratique.

Partenaire de la Fédération française du sport d'entreprise (FFSE) et premier assureur à avoir obtenu le label européen Workplace Active, en 2022, l'entreprise fait également bouger ses 5 500 salariés en leur proposant tout au long de l'année des activités et défis sportifs. Une démarche qui, en plus d'améliorer le bien-être des collaborateurs, permet d'augmenter leur taux d'engagement d'année en année, comme en attestent des sondages réguliers menés en interne.

« En tant que premier assureur santé de France engagé auprès de 5 millions de personnes, près de 90 000 entreprises et 150 000 entrepreneurs, nous portons l'ambition d'opérer un changement d'échelle en prévention. Pour y parvenir, nous avons également besoin de fédérer le plus de monde possible dans cette démarche.

C'est pourquoi nous avons souhaité aller un cran plus loin cette année, en lançant un mouvement : l'éco-santé. Celui-ci a pour objectif de relever collectivement les défis d'aujourd'hui en permettant d'agir plus tôt, plus vite et autrement sur la santé des individus et de la société.

Pour le lancement, en cette année olympique, nous avons notamment choisi de nous appuyer sur la capacité du sport à fédérer et à prévenir les maladies en donnant la possibilité à nos adhérents de bouger au moins une fois par mois près de chez eux.

Pour déployer largement ce mouvement, nous invitons nos adhérents, et tous les Français qui le souhaitent à le rejoindre en devenant, eux aussi, acteurs de l'éco-santé ! »

Catherine Touvrey,
directrice générale d'Harmonie Mutuelle

« Un changement d'échelle en prévention est possible : mobilisons-nous ! »

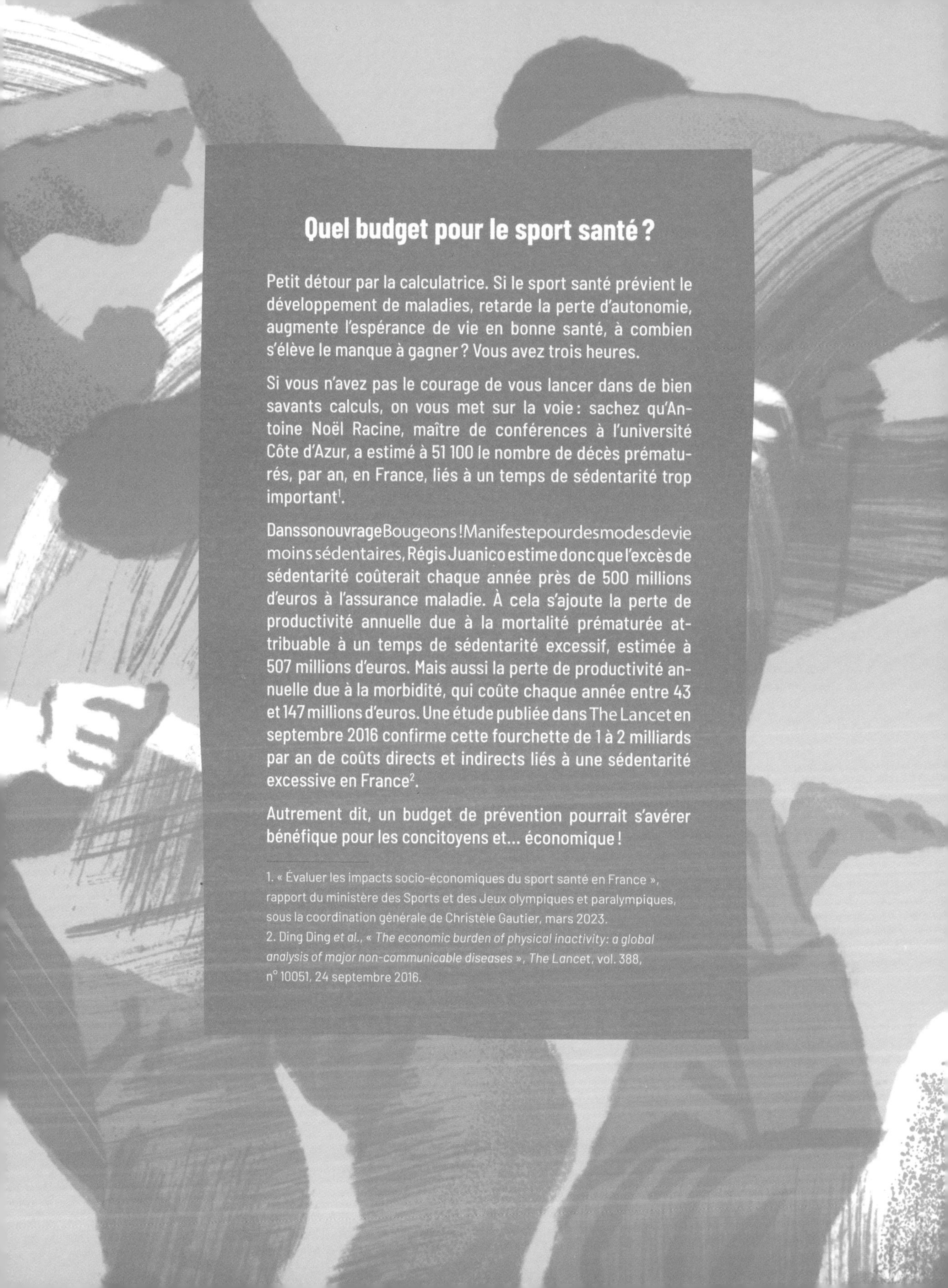

Quel budget pour le sport santé ?

Petit détour par la calculatrice. Si le sport santé prévient le développement de maladies, retarde la perte d'autonomie, augmente l'espérance de vie en bonne santé, à combien s'élève le manque à gagner ? Vous avez trois heures.

Si vous n'avez pas le courage de vous lancer dans de bien savants calculs, on vous met sur la voie : sachez qu'Antoine Noël Racine, maître de conférences à l'université Côte d'Azur, a estimé à 51 100 le nombre de décès prématurés, par an, en France, liés à un temps de sédentarité trop important[1].

Dans son ouvrage Bougeons ! Manifeste pour des modes de vie moins sédentaires, Régis Juanico estime donc que l'excès de sédentarité coûterait chaque année près de 500 millions d'euros à l'assurance maladie. À cela s'ajoute la perte de productivité annuelle due à la mortalité prématurée attribuable à un temps de sédentarité excessif, estimée à 507 millions d'euros. Mais aussi la perte de productivité annuelle due à la morbidité, qui coûte chaque année entre 43 et 147 millions d'euros. Une étude publiée dans The Lancet en septembre 2016 confirme cette fourchette de 1 à 2 milliards par an de coûts directs et indirects liés à une sédentarité excessive en France[2].

Autrement dit, un budget de prévention pourrait s'avérer bénéfique pour les concitoyens et… économique !

1. « Évaluer les impacts socio-économiques du sport santé en France », rapport du ministère des Sports et des Jeux olympiques et paralympiques, sous la coordination générale de Christèle Gautier, mars 2023.
2. Ding Ding *et al.*, « *The economic burden of physical inactivity: a global analysis of major non-communicable diseases* », *The Lancet*, vol. 388, n° 10051, 24 septembre 2016.

DES EFFETS RECONNUS… MAIS UN TOURNANT MÉDICAL TIMIDE

Les bienfaits de l'activité physique font l'unanimité au sein du milieu médical. Pour ne citer qu'un exemple, « les femmes qui ont eu un cancer du sein et qui font une activité physique ou du sport ont 40 % de risque en moins de récidive », relève Michel Cymes. Dès le début du traitement, l'activité physique diminue la fatigue, améliore les capacités cardio-respiratoires et la composition corporelle, prévient ou corrige le déconditionnement physique, diminue l'anxiété et améliore certaines douleurs. Ces effets bénéfiques sont en lien avec l'adiposité, notamment abdominale, la diminution de diverses hormones et facteurs de croissance (insuline, œstrogènes, etc.) ou encore l'amélioration du transit intestinal. L'université du Colorado a ainsi mis en place un programme nommé « *Be fit, be well* » d'une durée de trois mois, pour ses patients atteints de cancer qui leur propose des exercices individualisés et supervisés.

« Ce n'est pas sexy, la prévention, mais c'est beaucoup plus efficace. »

Si les études prouvant l'efficacité de la pratique sportive se sont multipliées ces quinze dernières années, le tournant médical se fait plus timide. C'est là que le bât blesse : trop peu de médecins prennent en compte l'activité physique. Face à cette situation, les membres du collectif Pour une France en forme ont lancé un appel à leurs confrères, dans le journal *Ouest-France*, le 13 mars 2024. « Les modalités de la médecine ont évolué et nombre de pays qui développent ce côté préventif l'ont compris. Pas le nôtre. La médecine française, dont la qualité est unanimement reconnue, reste quasi exclusivement curative. D'où l'incapacité de notre pays à protéger la santé de ses prochaines générations et donc de son avenir », tance le communiqué. « Ce n'est pas sexy, la prévention, mais c'est beaucoup plus efficace, ajoute Audrey Bergouignan. C'est toujours plus avenant d'apporter un médicament contre le cancer, mais le mieux, c'est de ne pas avoir le cancer. »

Même constat pour les Maisons Sport-Santé, au déploiement flottant. Créé en 2020, le label regroupe des centres qui permettent, sur certains critères, d'être pris en charge et accompagnés par des professionnels de la santé et du sport, afin de suivre un programme personnalisé. « Il y a entre 500 et 550 structures habilitées, mais beaucoup d'inégalités en matière de maillage et d'offre, relève Régis Juanico, ancien député de la Loire. Il n'y a qu'une seule Maison Sport-Santé dans l'Ain par exemple, là où il y en a quatorze ou quinze dans d'autres, comme le Rhône. » Le financement des Maisons Sport-Santé est en réalité très inégal, et suspendu à la sensibilité des directeurs régionaux à la pratique physique adaptée. « Aujourd'hui, le ministère de la Santé met 6 millions d'euros sur la table et le ministère des Sports met 6 millions d'euros, ajoute l'ancien député. Mais 12 millions d'euros rapportés à plus de 500 structures, on voit que l'on est très loin du compte pour proposer un service public de qualité. »

Face aux enjeux de santé publique, il est temps de mettre le sport au cœur de la société française et des politiques publiques.

Maison Sport Santé, l'exemple du Labsport de Saint-Nazaire

Le Labsport, situé à Saint Nazaire, est l'un des centres d'APA pionniers en France. L'association a émergé dès 2017 sur la base d'un constat militant : « Où faire du sport quand on a un corps qui fonctionne ou dysfonctionne ? Où vont les femmes qui ont eu un cancer du sein quand on leur dit gentiment de reprendre le sport ? Ou les personnes qui ont fait des chirurgies bariatriques ? On ne toque pas à la porte de Basic-Fit ou à un cours de CrossFit. Dans ce cas, que peut-on proposer comme activité physique adaptée ? », retrace Mathilde Plard, présidente du Labsport.

L'association a mis sur pied un parcours de découverte de l'activité physique, qui se veut être un tremplin vers les associations sportives. Après un premier bilan réalisé par un enseignant diplômé en APA sur prescription médicale, la personne accompagnée réalise 10 semaines d'activité physique en cours collectif, à raison de 2 séances par semaine (une en salle, une en extérieur). Au programme : des exercices d'équilibre, du multisports, du stretching, du renforcement musculaire ou encore de la marche. Mais aussi des initiations sportives avec une cinquantaine d'associations partenaires : « Boxe, tennis, aviron, tout ce que l'on peut adapter, on l'adapte. Nous débutons un programme avec la Fédération française de voile qui va soutenir le projet et mettre à disposition un bateau adapté », décrit Mathilde Plard.

Objectif ? Pérenniser l'activité physique de la personne. Et ça marche : « On a plus de 700 personnes qui ont été accompagnées cette année, plus de deux mois de liste d'attente, et une centaine de médecins prescripteurs ! » se félicite la présidente de l'association, qui compte désormais 11 salariés. Le Labsport intervient également dans 15 maisons de retraite de la région et a lancé un programme de sport santé à destination des femmes de quartiers populaires, particulièrement sédentaires.

Mais le fonctionnement économique des Maisons Sport-Santé reste fragile. « Aujourd'hui, on a 50 % de fonds propres, 50 % de subventions a et on a envie de s'autonomiser au maximum, parce que les financements des ARS sont incertains, regrette Mathilde Plard. Cela reste parfois cher pour nos adhérents, même si on les encourage à se tourner vers leur mutuelle. »

ALLE

VERS UNE NATION SPORTIVE ?

Quel meilleur support que les Jeux olympiques et paralympiques pour porter les bienfaits de l'activité physique et sportive ? Depuis l'annonce de l'attribution des Jeux olympiques à la France, à Lima, le 13 septembre 2017, le sport a été propulsé sur le devant de la scène. Face aux réfractaires, un argument s'est imposé : les Jeux vont non seulement porter les athlètes français vers un nombre de médailles encore jamais atteint – Laura Flessel, ancienne ministre des Sports (2017-2018), avait annoncé viser les 80 médailles, rapportées depuis à un objectif non chiffré se fixant pour ambition un « top 5 » –, mais également rayonner sur l'ensemble de la population. Un « héritage » à même d'encourager les Français à bouger et à intégrer les valeurs du sport dans leur vie.

METTRE LE SPORT AU CŒUR DE LA SOCIÉTÉ FRANÇAISE ET DES POLITIQUES PUBLIQUES

Il convient toutefois de dépasser le terme – employé tous azimuts – pour s'interroger sur les effets réels d'une grande compétition sportive sur la pratique du quotidien. Comment faire perdurer sur une temporalité longue (quatre à sept ans) la dynamique de la pratique sportive, alors même que les Jeux olympiques et paralympiques ne durent qu'une vingtaine de jours ? Suffirait-il que l'équipe de France de basketball dispute la finale olympique pour que les petites filles pratiquent le basket ? Sans doute pas. Il faut organiser, gagner, et enfin assurer la pratique *via* des investissements structurels. Rio, Londres, Athènes y ont échoué. Paris parviendra-t-elle à entretenir la dynamique ? Comme le stipulait le joueur de basket-ball Evan Fournier, dans sa lettre ouverte après les Jeux de Tokyo, « féliciter nos athlètes tous les quatre ans n'est plus suffisant ».

Léon
4As
LEON
AMPION
PARIS 2024
PARIS 2024
PARIS 2024
2024
2024

L'HÉRITAGE DES JEUX OLYMPIQUES : UN ACCÉLÉRATEUR DE TRANSITION VERS UNE NATION SPORTIVE ?

L'héritage, une notion très politique

Depuis sept ans, l'héritage constitue l'un des mantras du Comité d'organisation et des pouvoirs publics. Mais de la construction d'infrastructures sportives à la distribution de pièces de 2 euros à l'effigie des JO aux élèves de primaire, on ne sait plus vraiment ce que le terme recouvre. « Je déteste ce mot, qui ne veut rien dire », raille l'ancienne ministre des Sports, Marie-George Buffet.

Dans la perspective des JO, l'héritage renvoie à l'idée de laisser un legs matériel et immatériel après l'événement sportif, au bénéfice du pays hôte. Cette volonté est intrinsèquement liée à la vision du mouvement olympique, « édifier un monde meilleur par le sport ». En 1981, le dossier de candidature des JO de Calgary évoque déjà « l'héritage qui [...] mettra des installations sportives spécialisées à la disposition des athlètes, qui pourront ainsi continuer à repousser leurs limites et à se perfectionner ». Mais ce n'est qu'en 2003 que la commission d'étude des Jeux olympiques du CIO mentionne directement le terme *legacy* et insiste sur sa dimension immatérielle. Depuis les Jeux de Sydney, en 2000, le CIO impose notamment à la ville hôte la mise en place d'un plan de long terme pour encourager l'activité physique dans le pays.

« Dans la perspective des JO, l'héritage renvoie à l'idée de laisser un legs matériel et immatériel après l'événement sportif, au bénéfice du pays hôte. »

Lors des Jeux de Paris, deux grandes dynamiques portent les ambitions sportives du pays : l'héritage matériel, incarné par les grands sites de compétition et par les centres de préparation aux Jeux (CPJ), et l'héritage immatériel, qui englobe la diffusion des valeurs du sport au sein de la société. De quoi accélérer la transition du pays vers une nation sportive ?

Ci-contre, Léon Marchand célébrant sa médaille d'or au 400 mètres lors des JO de Paris 2024.

Porteurs de flamme lors de la cérémonie d'accueil de la flamme olympique, à Bordeaux, en mai 2024.

Un héritage matériel : équiper les territoires

Les Jeux olympiques portent un héritage matériel indéniable, notamment en légitimant des investissements massifs. Voilà des années que la France attend un nouveau centre aquatique d'ampleur, à même d'accueillir des sportifs d'élite et des compétitions internationales. L'équipe de France de plongeon, en particulier, attendait de pied ferme cet équipement, après s'être retrouvée à sec cet hiver, lorsque la piscine de Montreuil-sous-Bois a fermé pour travaux. Mais à raison de 400 licenciés, difficile de peser pour la construction d'un centre aquatique à 175 millions d'euros. L'accueil des JO aura permis de débloquer l'enveloppe nécessaire. « J'espère que l'on va profiter de l'élan des Jeux. Si on veut que notre pays soit un pays de sport, il faut que l'on y mette les moyens », exposait Alexis Jandard, médaillé de bronze du tremplin synchronisé à 3 mètres lors des Mondiaux de Fukuoka (Japon). À titre de comparaison, Londres comptait une douzaine de plongeoirs couverts et aux normes avant les JO de 2012.

Le centre aquatique olympique

Avec deux bassins de natation et de plongeon de 50 et 25 mètres, le centre aquatique olympique constitue la pièce maîtresse de l'héritage laissé par les Jeux de Paris. Cofinancé par la métropole du Grand Paris, l'État, la Région Île-de-France, la Ville de Paris, le département de la Seine-Saint-Denis et Plaine Commune, il est le seul équipement sportif pérenne construit pour les JO.

Après les Jeux, les bassins de plongeon, natation et water-polo seront ouverts au public et, grâce à un fond mobile, la piscine pourra s'adapter à la diversité des usages (apprentissage de la nage, compétition, bébés nageurs, etc.). Des travaux supplémentaires sont prévus pour transformer le site en un centre sportif polyvalent, à destination des habitants de la Seine-Saint-Denis, des clubs et des scolaires. Il comprendra à terme un espace aqualudique, une zone de fitness, un mur d'escalade, des courts de padel, un terrain de football à cinq et de basket à trois, ainsi qu'un skate-park. Répondant aux exigences techniques internationales, le centre aquatique pourra accueillir des compétitions officielles comme les Championnats d'Europe de natation, prévus en 2026. Il hébergera également le pôle France de plongeon et deviendra un site privilégié pour le haut niveau.

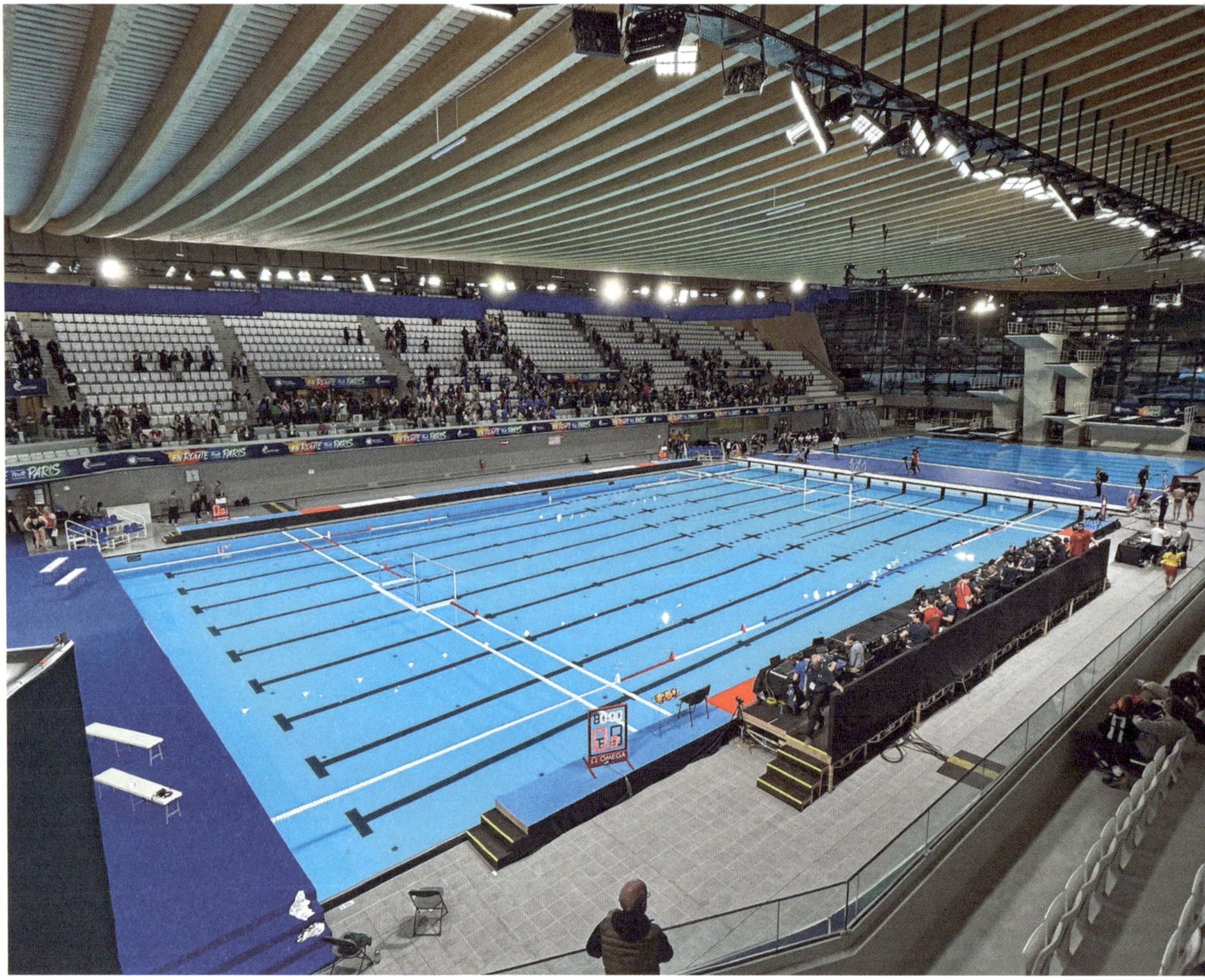

Bassin du centre aquatique olympique à Saint-Denis.

L'organisation des Jeux olympiques a également permis d'accélérer le financement des infrastructures sportives dans les territoires. Dans certaines villes, l'organisation d'une épreuve olympique (ou l'accueil d'un centre de préparation aux Jeux) s'est également adossée à des réflexions de long terme en matière de politiques sportives. Les communes espèrent capitaliser sur ces investissements pour faire rayonner leur territoire, capter des compétitions internationales, porter les clubs locaux vers l'élite ou encore diffuser les pratiques sportives auprès du plus grand nombre.

La ville d'Élancourt (Yvelines), par exemple, a profité de l'élan olympique pour se doter d'une piste de VTT d'élite. « La colline, qui est le point culminant de l'Île-de-France (231 mètres), est une ancienne décharge publique, devenue casse automobile, puis laissée à l'abandon. Il y a un an, elle était recouverte à 90 % de broussailles denses, raconte Yohann Vachette, directeur adjoint de Bike Solutions, la société qui a réalisé la piste. Au-delà de cette valorisation, trois autres pistes seront tracées après les Jeux, pour s'adresser aux vététistes du dimanche comme aux meilleurs mondiaux, et le reste des espaces naturels sera dépollué et sanctuarisé. » Coût de l'opération ? Douze millions d'euros.

« J'espère que l'on va profiter de l'élan des Jeux. Si on veut que notre pays soit un pays de sport. »

En appui de ce versant « haut niveau », le département a investi 62 millions d'euros dans un plan vélo, visant à augmenter de 230 kilomètres les aménagements cyclables entre 2022 et 2027. « Avec les Jeux, les Yvelines ont pris trente ans d'avance sur leurs équipements publics », se félicitait, lors d'un point presse, Laurent Mazaury, vice-président de la communauté d'agglomération de Saint-Quentin-en-Yvelines, qui accueillera également les épreuves de cyclisme sur piste, de cyclisme sur route et de BMX. Dans le département, les JO auront inscrit le sport à l'agenda.

Et au-delà de la région parisienne ?

Il nous faut ici nuancer un peu le propos, car peu de villes ont été retenues pour héberger des épreuves olympiques. Au-delà de la région parisienne, et des quelques sites olympiques décentralisés (Marseille, Tahiti, Châteauroux), l'héritage matériel des JO est resté limité et s'est incarné principalement à travers les CPJ : les centres de préparation aux Jeux. Plus de 1 000 équipements sportifs ont servi à accueillir les délégations étrangères en amont de la compétition. À titre d'exemple, près de 1 800 athlètes américains ont élu domicile, de mi-juillet à mi-septembre 2024, au Centre départemental de formation et d'animation sportives (CDFAS), à Eaubonne, rénové pour 27 millions d'euros investis par le Département. Une manière de capter un peu de l'« effet JO » sur les territoires.

Un plan des 5 000 équipements sportifs « 2.0 »

Alors que l'âge moyen des équipements sportifs dépassera bientôt 50 ans, que prévoit l'État en matière de rénovation ou de construction ? Comment accueillir les nouveaux licenciés attendus après les Jeux ? Pour que les clubs aient la capacité de proposer des créneaux d'activité, ils ont besoin d'équipements sportifs rénovés, de terrains supplémentaires, mais aussi d'encadrement.

Le plan d'investissement des 5 000 terrains de sport (2021-2024) et son successeur, le plan des 5 000 équipements sportifs (2024-2026), entendent répondre en partie à ces problématiques. Le premier volet s'est concentré sur la densification et la diversification des équipements de proximité en France, en finançant la construction de city-stades, de terrains de basket 3×3, de skate-parks, d'espaces de sport santé, de dojos solidaires, ou encore d'aires de *street workout* – la plupart en accès libre. « Mais la réalité, c'est que les terrains sont occupés à 90 % par les garçons, et que les filles n'osent pas y aller. Et même quand elles osent, on ne leur laisse pas forcément la place. La mairie de Saint-Ouen a fini par bloquer un créneau de deux heures, tous les jeudis soir, pour qu'elles puissent jouer », pointe Diandra Tchatchouang, ancienne joueuse de l'équipe de France de basket-ball devenue cheffe de projet auprès de l'Agence nationale du sport.

« Ces petits terrains de proximité ne transforment pas fondamentalement la pratique sportive. On a besoin d'infrastructures plus lourdes et plus encadrées, notamment pour porter la participation des filles ou des personnes en situation de handicap », corrobore Marie-George Buffet, ancienne ministre des Sports (1997-2002) et coprésidente du Comité national pour renforcer l'éthique et la vie démocratique dans le sport.

Le deuxième volet s'est donc attelé à intégrer le financement de 500 équipements structurants (gymnases, piscines, salles de combat), mais aussi de 3 000 équipements de proximité et de 1 500 cours d'école actives. Un tiers de ces 5 000 équipements supplémentaires devront être construits dans des quartiers prioritaires de la politique de la ville, et priorité sera donnée à la rénovation d'équipements situés à proximité d'établissements scolaires. Pour la mise en place de ce programme, une enveloppe pluriannuelle de 300 millions d'euros, sur trois ans, est allouée à l'Agence nationale du sport – loin des 500 millions d'euros annuels, sur cinq ans, nécessaires à un véritable rattrapage en équipements sportifs, selon les estimations de l'Association nationale des élus en charge du sport (Andes).

À Marseille, un terrain de football municipal côtoie le Vieux-Port et les lotissements de centre-ville.

Le vélodrome de Saint-Quentin-en-Yvelines a accueilli les épreuves de cyclisme sur piste des JO de Paris.

Un héritage immatériel

Les pays hôtes se focalisent principalement, depuis une vingtaine d'années, sur l'héritage immatériel ou « social » que les Jeux olympiques peuvent transmettre. D. Charrier, J. Jourdan, H. Bourbillères, M. Djaballah et C. Parmantier soulignent néanmoins les difficultés à appréhender celui-ci. Ils définissent l'héritage social comme le « potentiel à renforcer, sur le territoire hôte, la cohésion sociale et la citoyenneté, à générer de la capacitation et de l'éducation, à développer l'activité physique pour tous et la culture sportive, à participer à la structuration des organisations, à valoriser le territoire et à créer des passerelles entre le sport et d'autres champs de l'action publique[1] ». Entre autres initiatives, il s'agit ici par exemple de la mise en place d'une Semaine olympique et paralympique (SOP) dans les écoles, du développement du design actif, de la transformation écologique ou des chartes d'inclusion sociale mises en place par le Cojop.

1. Dominique Charrier, Jean Jourdan, Hugo Bourbillères, Mathieu Djaballah et Charlotte Parmantier, *L'Impact social des grands événements sportifs internationaux : processus, effets et enjeux. L'exemple de l'Euro 2016*, Éditions de Bionnay, 2019.

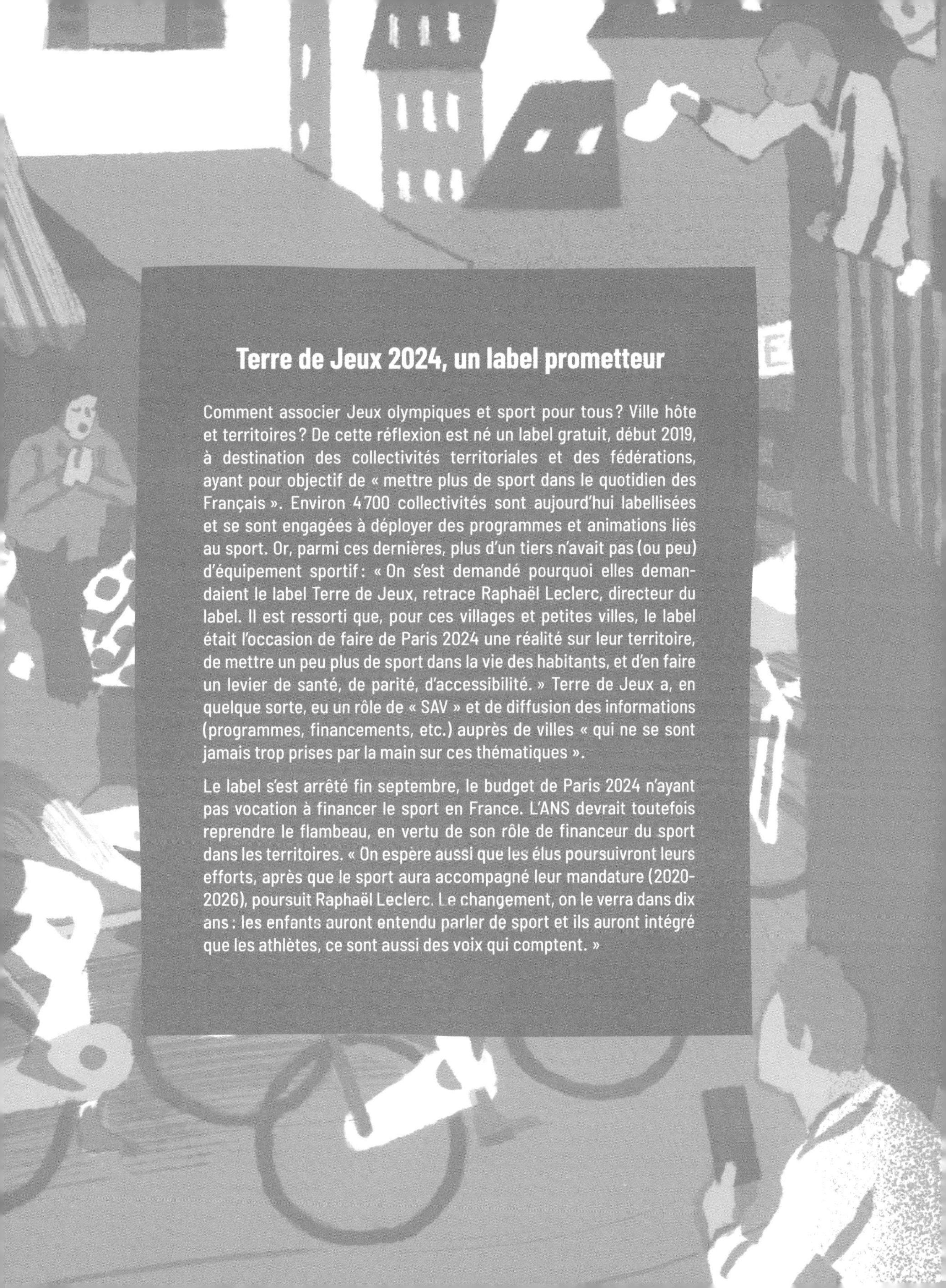

Terre de Jeux 2024, un label prometteur

Comment associer Jeux olympiques et sport pour tous ? Ville hôte et territoires ? De cette réflexion est né un label gratuit, début 2019, à destination des collectivités territoriales et des fédérations, ayant pour objectif de « mettre plus de sport dans le quotidien des Français ». Environ 4 700 collectivités sont aujourd'hui labellisées et se sont engagées à déployer des programmes et animations liés au sport. Or, parmi ces dernières, plus d'un tiers n'avait pas (ou peu) d'équipement sportif : « On s'est demandé pourquoi elles demandaient le label Terre de Jeux, retrace Raphaël Leclerc, directeur du label. Il est ressorti que, pour ces villages et petites villes, le label était l'occasion de faire de Paris 2024 une réalité sur leur territoire, de mettre un peu plus de sport dans la vie des habitants, et d'en faire un levier de santé, de parité, d'accessibilité. » Terre de Jeux a, en quelque sorte, eu un rôle de « SAV » et de diffusion des informations (programmes, financements, etc.) auprès de villes « qui ne se sont jamais trop prises par la main sur ces thématiques ».

Le label s'est arrêté fin septembre, le budget de Paris 2024 n'ayant pas vocation à financer le sport en France. L'ANS devrait toutefois reprendre le flambeau, en vertu de son rôle de financeur du sport dans les territoires. « On espère aussi que les élus poursuivront leurs efforts, après que le sport aura accompagné leur mandature (2020-2026), poursuit Raphaël Leclerc. Le changement, on le verra dans dix ans : les enfants auront entendu parler de sport et ils auront intégré que les athlètes, ce sont aussi des voix qui comptent. »

Pour ne retenir qu'un exemple, ou pourrait s'arrêter aussi sur l'ouverture de la vague de Teahupoo aux surfeuses – héritage immatériel vers une plus grande égalité des genres. Le Billabong Pro Tahiti, qui figurait sur le circuit professionnel féminin au début des années 2000, avait été remisé en 2006 par les organisateurs, qui considéraient Teahupoo trop dangereuse pour les femmes. L'étape n'a fait son retour qu'en 2020, lorsque le Comité d'organisation des JO de Paris 2024 a désigné le spot comme site olympique. « Je me suis longtemps dit que ce n'était pas pour moi : trop grand, trop dangereux », raconte la surfeuse Vahine Fierro, qui a représenté la France aux Jeux olympiques. « Il n'y avait qu'une poignée de femmes de l'international qui s'y mesuraient. Or on voit de plus en plus de filles à l'eau », ajoute celle qui a remporté le Tahiti Pro en mai 2024. De quoi ouvrir la voie à une vague de pratiquantes. « Avec le sport encadré, on crée un rapport aux règles, un rapport à l'autre, des éléments importants dans la construction d'un individu, précise Marie-George Buffet. Je ne dis pas que le sport peut

régler les problèmes de la société, mais le sport peut, à la place qui est la sienne, contribuer à des rapports humains plus sains. »

L'ex-député de gauche Régis Juanico met toutefois en garde : « La notion pousse à porter la focale sur ce qui reste de positif à l'issue des Jeux. Or les valeurs du sport sont très malléables. Ça peut être aussi le sport-business, les violences dans les stades... Le sport est à l'image de la société. Assurons-nous que derrière ce faire-valoir du CIO reposent des programmes concrets, et non des vœux pieux. »

« Avec le sport encadré, on crée un rapport aux règles, un rapport à l'autre, des éléments importants dans la construction d'un individu. »

Un héritage pour le parasport ?

Paris 2024 devait répondre au cahier des charges du CIO en matière d'héritage, mais l'État fixe ses propres objectifs, à savoir que les Jeux servent de levier aux politiques publiques, notamment en matière d'inclusion. Dès sa candidature, Paris s'est fixé des objectifs ambitieux : rendre accessible l'ensemble des équipements sportifs et du village olympique et paralympique, développer le haut niveau paralympique, transformer le regard sur le handicap (notamment *via* la production de récits inspirants) et accroître le nombre de licenciés en situation de handicap au sein des fédérations sportives. « Mais l'effet levier sur la participation sportive de base reste très inégal selon le type de handicap concerné, nuance Sylvain Ferez, maître de conférences à l'université de Montpellier et spécialiste du parasport. La déficience intellectuelle, les déficiences sensorielles ou la tétraplégie n'engendrent pas les mêmes difficultés d'accès à la pratique sportive, que ce soit pour le loisir ou pour une carrière de haut niveau. »

Ci-contre, la Japonaise Shino Matsuda lors de la compétition de surf des JO 2024 à Teahupo'o, Tahiti.

Alexis Hanquiquant lors de l'épreuve de triathlon
des Jeux paralympiques de Tokyo en 2020.

En France, le constat est alarmant : la moitié des personnes en situation de handicap ne fait jamais d'activité physique et sportive. « La structuration du parasport est encore en cours, relève la présidente du Comité paralympique et sportif français, Marie-Amélie Le Fur. Sur les 180 000 clubs que compte notre pays, seuls 1,4 % se disent en capacité d'accueillir des personnes en situation de handicap. »

La triple championne olympique d'athlétisme aux Jeux de Londres et de Rio l'assure néanmoins : le tournant est acté. « De nombreuses fédérations ont accéléré leur offre sportive envers les personnes en situation de handicap et des collectivités ont mis en place des politiques incitatives. Sans les Jeux en France, sans cette volonté d'avoir 3 millions de pratiquants, je ne suis pas sûre que les ARS se seraient autant tournées vers la question sportive. » Cette meilleure considération du parasport s'est répercutée jusqu'aux instances de gouvernance du sport. Le Comité paralympique a renforcé sa place dans la nouvelle gouvernance du sport et a engagé son déploiement dans les territoires. « Quand vous êtes au conseil d'administration ou dans les conférences régionales des financeurs, votre voix pèse dans les projets dimensionnants et votre avis est entendu », poursuit Marie-Amélie Le Fur

Page suivante, Tony Estanguet prenant la parole en tant que président des Jeux olympiques au Parc des champions.

Les Jeux olympiques et paralympiques influencent-ils la pratique générale de la population ?

C'est devenu le credo de Tony Estanguet : « On veut que les Français fassent plus de sport grâce aux Jeux olympiques. » Le gouvernement s'est fixé comme objectif d'augmenter de 10 % le nombre de pratiquants réguliers d'ici 2024, soit 3 millions de sportifs en plus. Les ippons de Teddy Riner ou les longueurs de Léon Marchand encourageront-ils les Français et les Françaises à rejoindre un club de sport ? Un sondage Ipsos, réalisé en juillet 2021 dans une trentaine de pays, affirmait que 80 % des sondés pensaient que les JO de Tokyo étaient à même de susciter des vocations sportives (mais seulement 62 % en France).

En réalité, organiser les Jeux renforce surtout la pratique sportive de ceux qui en font déjà. Lors des JO de Londres 2012, le gouvernement britannique avait investi plus d'un milliard de livres sterling par an pour convertir 2 millions de personnes au sport. Mais passé le frémissement des courbes post-JO, le nombre de Britanniques pratiquant une activité physique était resté identique, selon Sport England. Le programme « *Inspire A Generation* », visant à mettre au sport les populations les plus pauvres et les plus sédentaires, s'était ainsi soldé par un échec.

Car encore faut-il que les clubs puissent capitaliser sur le momentum olympique et se montrer capables d'accueillir l'afflux de pratiquants. Une revue de littérature, analysant 36 articles scientifiques, a montré que, mis à part lors des Jeux de Pékin 2008, l'impact des méga-événements sur les pratiques sportives est négligeable ou mitigé, faute de cohérence globale et de moyens suffisants. Marie-Amélie Le Fur, présidente du Comité paralympique, nuance néanmoins : « Dans le parasport, le financement de la haute performance rayonne sur le sport pour tous, car plus votre équipe de France reçoit des moyens, et plus elle est performante. Et si elle gagne plus de médailles, elle est plus médiatique, et vous concourez à ouvrir un peu plus le champ des possibles à d'autres personnes en situation de handicap. »

LE COQ SPORTIF
PARIS 2024

FOCUS

QUEL HÉRITAGE POUR LA SEINE-SAINT-DENIS ?

La Seine-Saint-Denis, département le plus pauvre de métropole, a capté 80 % des investissements de la Société de livraison des ouvrages olympiques (Solideo), à travers la construction du village des athlètes, celui des médias ou encore du centre aquatique olympique. Mais cela profitera-t-il, à long terme, au rayonnement du territoire et à sa population ? « Au-delà des trente jours de compétition, ce qui nous intéresse, ce sont les trente ans qui vont suivre », note Stéphane Troussel, président du département de Seine-Saint-Denis.

Le village olympique de Saint-Denis, construit à l'occasion des JO.

En chiffres :

- Plus d'un enfant sur deux qui entre en sixième dans le département ne sait pas nager.
- 103e département de France sur 105 en nombre d'installations sportives.
- 1,1 milliard d'euros de fonds publics pour la construction d'infrastructures, la rénovation d'équipements et la voirie en vue des JO.
- 9 400 enfants ont appris à nager grâce au programme « 1, 2, 3, nagez ! ».
- 227 projets sportifs ont été financés par « Impact 2024 ».

Les Jeux sont une occasion unique pour combler le manque d'équipements sportifs du département : la Seine-Saint-Denis compte seulement 16,2 équipements pour 10 000 habitants. C'est trois fois moins que la moyenne nationale. Une situation qui pèse sur le décollage du nombre de licenciés et sur la pratique du sport, notamment des jeunes.

Le constat est d'autant plus alarmant concernant les piscines, avec seulement 35 piscines et 61 bassins dans le département (soit 5,3 bassins pour un million d'habitants contre 9,4 au niveau national). Si un programme de rénovation des piscines de 40 millions d'euros préexistait à l'accueil des Jeux olympiques, ces derniers ont permis d'ajouter une ligne de 15 millions d'euros, financés par la Solideo, et d'accueillir le nouveau centre aquatique olympique.

« Les JO ont incité le département à se mobiliser davantage pour le sport, au-delà des piscines : on a bonifié nos aides aux clubs qui développent des sections féminines. »

« Les JO ont incité le département à se mobiliser davantage pour le sport, au-delà des piscines : on a bonifié nos aides aux clubs qui développent des sections féminines, ou qui se forment à l'accueil de personnes en situation de handicap, et créé une aide pour les licences sportives de 100 euros, pour tous les élèves de cinquième des établissements publics – sans conditions de ressources », précise Stéphane Troussel. Cette dernière s'additionne aux 50 euros mis en place par l'État *via* le Pass Sport. « Il n'y aura cependant pas solde de tout compte après les JO », nuance l'élu.

« L'héritage sur les piscines est assez indéniable, mais sur le reste, on n'y est pas, confirme Hugo Pontais, professeur d'EPS et porte-parole du CoPER 93, un collectif associatif. On a estimé qu'il faudrait 6 milliards d'euros d'investissements supplémentaires pour réduire les carences : il y a des rats dans les matelas de gym, les infrastructures sont pour la plupart de véritables passoires thermiques, et au lycée plus personne ne fait de natation tellement c'est saturé. »

Diandra Tchatchouang, le « 93 » en bannière

Alors que l'OMS recommande aux jeunes de pratiquer soixante minutes d'activité physique par jour, 7 % des filles de Seine-Saint-Denis suivent cette recommandation, et 8 % des filles de moins de 14 ans sont licenciées dans une fédération sportive. Face à ce constat, l'Agence nationale du sport et Nike ont développé le projet « *Team Go Girls* » en 2023, porté par l'internationale de basket Diandra Tchatchouang. Les 1 300 jeunes filles du programme ont bénéficié pendant un an d'un programme sportif, de défis quotidiens et de découvertes d'activités sportives, notamment à Pantin. « Les femmes des quartiers populaires sont beaucoup plus touchées par l'inactivité. Je viens du 93, moi aussi je suis passée par là. Mais j'ai eu la chance de rencontrer les bonnes personnes au bon moment. À mon tour, j'ai eu envie de m'engager dans l'accès au sport des jeunes filles », explique la médaillée de bronze aux JO de Tokyo qui s'engage aussi à titre personnel, *via* le programme « *Take your shoot* » et son association Study Hall 93, qui valorisent la pratique sportive et accompagnent dans leurs études des jeunes filles.

LA GRANDE CAUSE NATIONALE

Pour relever tous ces défis, l'activité physique et sportive a été la grande cause nationale en France en 2024. Grande cause, oui, mais pour quels effets concrets ? Il convient tout d'abord de rappeler ce qui, au milieu d'un foisonnement d'initiatives sportives, relève de ce label.

Qu'est-ce que la « grande cause » ?

La « grande cause nationale » est un label officiel attribué par concours public chaque année depuis 1977, par le Premier ministre français, à un organisme à but non lucratif ou un collectif d'associations. Cet agrément permet, tout au long de l'année, d'organiser des campagnes de générosité publique et de diffuser gratuitement des messages à la radio ou à la télévision. L'illettrisme, le sauvetage en mer, la lecture, la maladie d'Alzheimer, la défense des droits de l'homme ont, en leur temps, été des grandes causes nationales.

Lors du conseil olympique et paralympique du 25 juillet 2022, le président de la République, Emmanuel Macron, a déclaré la promotion de l'activité physique et sportive comme grande cause nationale 2024. « S'il n'y avait pas eu les JO, il n'y aurait eu ni grande cause nationale ni prise de conscience collective, reconnaît Vincent Roger, délégué ministériel chargé de la grande cause nationale 2024. Les Jeux donnent de l'élan, de l'inspiration, et la grande cause valorise l'héritage, notamment immatériel. »

Il s'agit ainsi de mettre le sport au cœur des politiques publiques, de l'interministérialité et du pacte républicain, de mobiliser les acteurs du sport et toutes les forces vives du pays pour valoriser la place du sport en France, et enfin d'inciter les Français – et notamment les femmes (qui représentent les trois quarts des publics les plus éloignés de la pratique), les seniors, les étudiants, les personnes en situation de handicap – à pratiquer davantage d'activités physiques et sportives.

« S'il n'y avait pas eu les JO, il n'y aurait eu ni grande cause nationale ni prise de conscience collective. »

Le programme emblématique de la grande cause nationale est celui de la promotion des « trente minutes d'activité physique et sportive par jour » – la recommandation diffusée dans le cadre du Programme national nutrition santé (PNNS) depuis 2002. Mais au-delà de cette incitation, le label englobe une grande variété d'événements et mesures.

Entre autres exemples figure l'élargissement du Pass Sport, la formation de 3 000 nouveaux clubs inclusifs, la rénovation d'équipements sportifs de proximité, la réduction du taux de TVA appliqué à l'achat des équipements parasportifs, le développement de programmes d'apprentissage de la nage, l'organisation d'une grande collecte du sport pour récupérer les accessoires sportifs inutilisés, des challenges inter-entreprises, la multiplication des cours d'école actives, ou encore un fonds de soutien à hauteur de 5 millions d'euros, géré par l'Agence nationale du sport (ANS). « La grande cause est aussi un combat intellectuel, assure Vincent Roger. Les Français aiment le sport, il y a 3,5 millions de bénévoles, 26 % des associations en France sont liées au sport, nous avons de bons résultats sur le haut niveau, mais nous ne sommes pas une nation sportive. Nous devons renforcer la place du sport dans le projet éducatif du pays, dans les modes de vie, et accepter que le sport soit l'égal de la culture. »

Le chef de l'État a annoncé le 5 septembre 2023, à Orthez, plusieurs mesures complémentaires : la généralisation effective des trente minutes d'activité physique quotidienne pour l'ensemble des écoliers en classes élémentaires, l'extension des deux heures supplémentaires de sport par semaine pour les collégiens, un deuxième plan des « 5 000 terrains de sport » pour soutenir la construction et la rénovation d'infrastructures sportives, la mise en place de tests d'aptitude physique à l'entrée en sixième dès la rentrée 2024 (repoussé) et la multiplication par trois des places en sport-études d'ici à 2026. « Une heure d'activité physique par jour à l'école, en complément de l'EPS, j'y suis favorable. Mais ça nécessite de mettre à disposition des moyens qui aujourd'hui ne sont pas du tout prévus au niveau budgétaire », tance Régis Juanico.

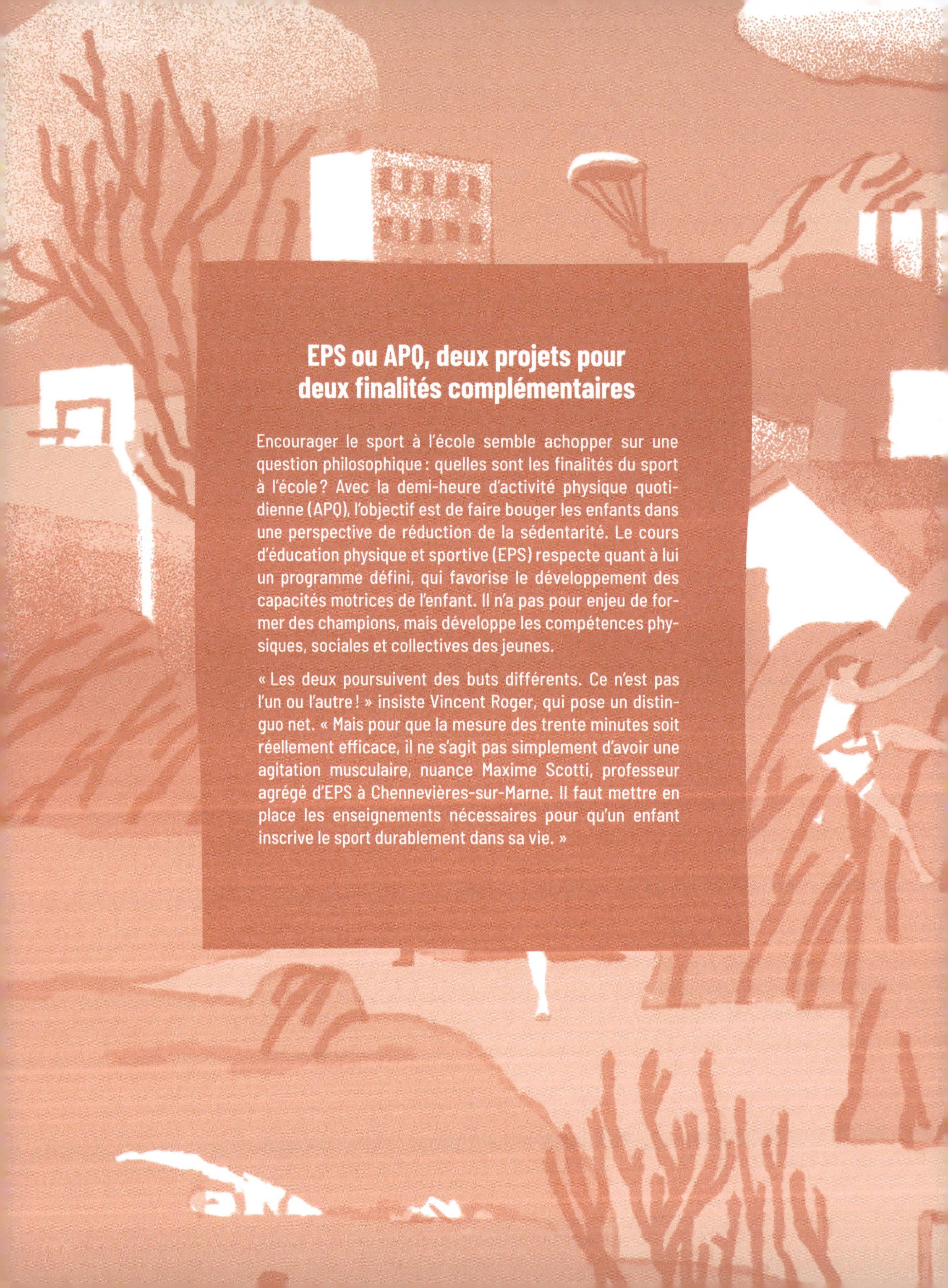

EPS ou APQ, deux projets pour deux finalités complémentaires

Encourager le sport à l'école semble achopper sur une question philosophique : quelles sont les finalités du sport à l'école ? Avec la demi-heure d'activité physique quotidienne (APQ), l'objectif est de faire bouger les enfants dans une perspective de réduction de la sédentarité. Le cours d'éducation physique et sportive (EPS) respecte quant à lui un programme défini, qui favorise le développement des capacités motrices de l'enfant. Il n'a pas pour enjeu de former des champions, mais développe les compétences physiques, sociales et collectives des jeunes.

« Les deux poursuivent des buts différents. Ce n'est pas l'un ou l'autre ! » insiste Vincent Roger, qui pose un distinguo net. « Mais pour que la mesure des trente minutes soit réellement efficace, il ne s'agit pas simplement d'avoir une agitation musculaire, nuance Maxime Scotti, professeur agrégé d'EPS à Chennevières-sur-Marne. Il faut mettre en place les enseignements nécessaires pour qu'un enfant inscrive le sport durablement dans sa vie. »

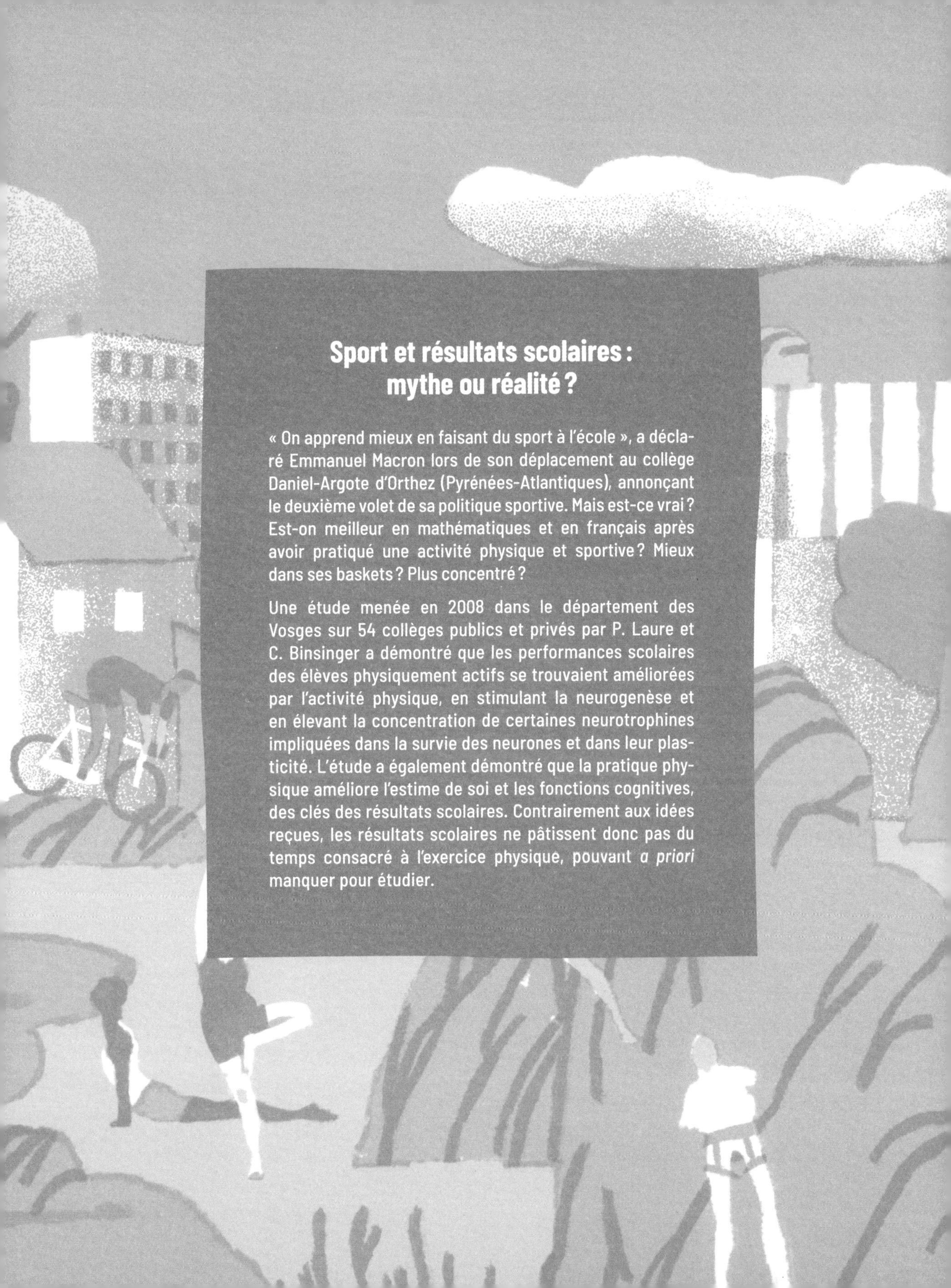

Sport et résultats scolaires : mythe ou réalité ?

« On apprend mieux en faisant du sport à l'école », a déclaré Emmanuel Macron lors de son déplacement au collège Daniel-Argote d'Orthez (Pyrénées-Atlantiques), annonçant le deuxième volet de sa politique sportive. Mais est-ce vrai ? Est-on meilleur en mathématiques et en français après avoir pratiqué une activité physique et sportive ? Mieux dans ses baskets ? Plus concentré ?

Une étude menée en 2008 dans le département des Vosges sur 54 collèges publics et privés par P. Laure et C. Binsinger a démontré que les performances scolaires des élèves physiquement actifs se trouvaient améliorées par l'activité physique, en stimulant la neurogenèse et en élevant la concentration de certaines neurotrophines impliquées dans la survie des neurones et dans leur plasticité. L'étude a également démontré que la pratique physique améliore l'estime de soi et les fonctions cognitives, des clés des résultats scolaires. Contrairement aux idées reçues, les résultats scolaires ne pâtissent donc pas du temps consacré à l'exercice physique, pouvant *a priori* manquer pour étudier.

« Trente minutes d'activité physique quotidienne »

C'est la mesure phare de la grande cause nationale : inciter les Français à faire, *a minima*, trente minutes d'activité physique par jour. « Et la priorité des priorités, c'est notre jeunesse, d'où notre volonté de remettre le sport au cœur de notre projet éducatif », évoquait Emmanuel Macron. Pour contrer cette inactivité grandissante, un programme quotidien de trente minutes d'activité physique quotidienne (APQ) est entré en vigueur dans les écoles à partir de 2020, et généralisé en 2022. Objectif ? Contrer la sédentarité et susciter un mouvement d'adhésion autour d'un objectif simple et partagé. « Beaucoup de choses se jouent entre 5 et 11 ans, si vous arrivez à faire bouger un enfant, vous en ferez un adulte actif », confirme Michel Cymes, médecin et membre du collectif Pour une France en forme, qui a porté la mesure. Cette dernière ne sera pas de trop : la France se classait à la 119e place, sur 146 pays, concernant le niveau de pratique physique de ses jeunes dans un rapport de l'OMS publié en 2020.

Pour aider les équipes éducatives, des kits de matériel sportif (sifflet, mini-haies, cerceaux, balles) financés par Paris 2024, l'ANS et le ministère des Sports ont été envoyés aux établissements. Des ressources en ligne ont également été mises à disposition des enseignants. « Mais combien de cours d'école sont adaptées à la pratique sportive ? Combien de professeurs d'école sont dûment formés à cela ? s'interroge Marie-George Buffet. Les trente minutes d'activité à l'école, pour moi, c'est une façon d'occuper le terrain médiatiquement. La bonne réponse serait de mettre plus d'heures d'EPS dans le cursus scolaire. » La mise en application des trente minutes d'activité physique s'est de fait révélée laborieuse. À la rentrée 2023, 80 % à 85 % des établissements étaient engagés dans le dispositif, selon le ministère de l'Éducation nationale. Autre problème : par manque de temps, ou par défaut de formation, les trente minutes d'activité physique quotidienne tendent à se substituer à une partie des trois heures d'EPS hebdomadaires, déjà partiellement appliquées. Sur le papier, la France est l'un des seuls pays qui consacre plus de cinq cents heures à l'EPS du CP au CM2. Mais dans les faits, les primaires n'ont en moyenne que une heure cinquante d'EPS par semaine. Un rapport publié en septembre 2019 par la Cour des comptes révélait ainsi que « l'instruction de [cette matière] n'est effective que partiellement, les heures prévues au programme n'étant de façon générale

> « Beaucoup de choses se jouent entre 5 et 11 ans, si vous arrivez à faire bouger un enfant, vous en ferez un adulte actif. »

ni effectuées totalement ni contrôlées ». Les trente minutes d'activité physique à l'école ne sont donc pas encore totalement entrées dans les esprits. « Mais si, en cinq ans, on réussit à faire ce que les Finlandais ont fait en dix ans, on aura gagné notre pari », conclut Vincent Roger.

« Mais si, en cinq ans, on réussit à faire ce que les Finlandais ont fait en dix ans, on aura gagné notre pari. »

SPORT ET ENTREPRISE : JE T'AIME, MOI NON PLUS

S'absenter du travail une heure pour aller courir, faire quelques pompes et des exercices physiques sera-t-il bientôt banalisé ? C'est, du reste, l'un des points défendus par la grande cause nationale et intégré à la stratégie nationale sport santé. Les bénéfices seraient nombreux. Au-delà des apports en matière de santé, le baromètre national « Sport en entreprise » du Medef (décembre 2022) fait état d'une augmentation de productivité de 8 % lorsque la pratique physique et sportive est encouragée dans l'entreprise. Elle serait également source d'économies, tant pour les salariés (réduction de 33,6 % de son reste à charge) que pour la société (13 % des dépenses de santé à la charge de la collectivité). Enfin, elle permettrait d'attirer et de fidéliser les talents : 82 % des salariés sondés dans le cadre du baromètre du sport en entreprise réalisé par Harmonie Mutuelle[1], affirment avoir plus envie de travailler dans une entreprise qui propose du sport à ses collaborateurs. « L'objectif est de doubler le nombre d'entreprises qui encouragent la pratique sportive dans les deux à trois ans à venir, pour atteindre 24 % », indique Vincent Roger, délégué ministériel chargé de la grande cause nationale 2024.

Mais la France part de loin. Moins d'une entreprise sur cinq (13 %) propose aujourd'hui du sport à ses collaborateurs, que ce soit à travers une aide au financement d'une licence ou d'un abonnement, ou par l'organisation d'activités au sein de l'entreprise.

Par ailleurs, 74 % des salariés ne bénéficient d'aucune aide de leur employeur pour pratiquer une activité physique ou sportive, selon un sondage Goodwill (mise à disposition de douches, de matériel, aménagement des horaires, aides financières).

La prise en compte du sport varie fortement selon la taille de l'entreprise : 40 % des grandes entreprises proposent de l'activité physique à leurs employés, contre 13 % des PME, et 4 % des TPE, selon un rapport des députés Karl Olive et Claudia Rouaux. Il est de fait plus simple pour les multinationales d'installer une salle de sport au siège que pour le boulanger local de mettre en place des activités pour ses employés. Mais ce n'est pas le seul frein qui pèse sur la pratique physique et sportive en entreprise. C'est avant tout une question de culture : les Français n'associent pas le travail et le sport. Prendre une pause méridienne pour aller courir ? Mal vu. Faire sa réunion à la salle de sport ? Impossible. Un quart des Français assurent pourtant pratiquer un sport avec leurs collègues, mais ils ne sont qu'à peine 10 % à le faire dans le cadre de leur travail, selon une étude menée par Goodwill en 2015, et actualisée en 2023.

1. Baromètre du sport en entreprise 2024 d'Harmonie Mutuelle, en partenariat avec Amaury Sport Organisation (A.S.O) et l'institut CSA.

LES ENTREPRISES, PUISSANT RELAIS DE PRÉVENTION PAR LE SPORT

Partenaire de la Grande Cause Nationale 2024, Harmonie Mutuelle s'engage dans la lutte contre la sédentarité en aidant les entreprises à mettre leurs salariés en mouvement.

L'entreprise, acteur et lieu de santé

Les entreprises ont un rôle à jouer pour mettre en mouvement leurs collaborateurs et contribuer à déployer la pratique d'une activité physique et sportive à large échelle. Selon le baromètre annuel d'Harmonie Mutuelle sur le sport en milieu professionnel, plus d'une entreprise sur trois considère que l'instauration d'une offre sportive pour les salariés est indispensable ou prioritaire[1]. Pourtant, elles sont peu nombreuses à être passées de l'intention à l'action.

Chez les dirigeants, la prise de conscience s'est accélérée depuis la période Covid et la généralisation du télétravail, en raison d'un accroissement de la sédentarité. Le rôle d'Harmonie Mutuelle, en tant qu'opérateur de santé, est d'encourager et de soutenir cette dynamique au sein des entreprises.

Le sport en entreprise, vecteur de bien-être, d'attractivité et de performance

Selon le baromètre d'Harmonie Mutuelle, 94 % des salariés qui pratiquent le sport dans le cadre professionnel reconnaissent les impacts positifs sur leur santé physique et 91 % sur leur santé mentale. Les collaborateurs sondés dans le cadre de l'étude affirment également que le sport est vecteur d'attractivité (82 %) et de performance pour l'entreprise (80 %).

Des freins à lever

39 % des dirigeants qui souhaitent mettre en place des activités sportives au sein de leur entreprise rencontrent des difficultés, principalement d'ordre financier et organisationnel (manque de temps ou de ressources humaines)[2].

Pour lever ces freins, Harmonie Mutuelle leur propose une offre sport sur mesure, adaptée à leurs besoins. Elle milite également, aux côtés du Groupe Up Déjeuner et d'Hello Asso, pour la création d'un « titre sport » en milieu professionnel, à l'instar du chèque culture ou déjeuner. Ce titre sport permettrait ainsi à chaque salarié de s'inscrire dans le club ou l'association sportive de son choix.

---

1. Baromètre du sport en entreprise 2024 d'Harmonie Mutuelle, en partenariat avec Amaury Sport Organisation (A.S.O) et l'institut CSA.
2. Baromètre du sport en entreprise 2024 - Harmonie Mutuelle, A.S.O et CSA.

« C'est avec les mêmes convictions et sur la base de valeurs communes que je me suis engagé, aux côtés d'Harmonie Mutuelle, pour sensibiliser les entreprises à déployer la pratique d'une activité physique régulière auprès de leurs salariés.

Après plusieurs années passées sur le terrain, j'ai pu l'observer de manière concrète : le sport en entreprise améliore la santé des salariés. Il réduit le stress. Il améliore la qualité de vie au travail et la performance. Il décloisonne. Il renforce l'esprit d'équipe entre les collaborateurs. C'est cette dimension sociale et collective que nous valorisons, avec Harmonie Mutuelle, pour créer un engagement dans la durée.

Pour en exploiter tout le potentiel, l'important est avant tout de créer une dynamique. Pour que celle-ci soit efficace et durable, elle doit être portée au plus haut niveau de l'entreprise. Et cela commence par des choses simples : faire marcher les collaborateurs ensemble et proposer des rendez-vous sportifs réguliers pour impulser un mouvement et créer le déclic. »

Stéphane Diagana,
ambassadeur sport santé d'Harmonie Mutuelle

« La force du collectif pour mettre les entreprises en mouvement ! »

L'exemple du défi sportif lancé par Harmonie Mutuelle à ses salariés

Dans le cadre de son partenariat avec la Grande Cause Nationale 2024, Harmonie Mutuelle a lancé un défi à ses salariés : pratiquer 30 minutes d'activité physique par jour pendant un mois, pour les sensibiliser aux conséquences de la sédentarité. Interrogés sur leur participation à ce challenge, 90 % des salariés sondés ont déclaré qu'ils continueraient à pratiquer régulièrement une activité physique, parmi lesquels un tiers souhaiteraient le faire de manière quotidienne.

QUEL AVENIR POUR LES POLITIQUES PUBLIQUES DU SPORT ?

Le développement de la pratique physique et sportive s'inscrit dans le temps long, et débouche invariablement sur la question de l'importance donnée aux politiques sportives publiques. « Or j'ai peur que la flamme qui s'est éteinte en septembre ne s'éteigne pour de bon : une fois les JO clos, on passe à autre chose, se désole Marie-George Buffet. Il faut voir comme le sport est absent du débat politique français : le dernier débat de fond, la dernière loi-cadre, remonte à 2003. Depuis, il n'y a eu que des petites lois partielles, souvent d'origine parlementaire. »

Européennes, législatives, présidentielle, le sport est quasiment absent des prises de parole des politiques. Lors des dernières législatives, des 30 juin et 7 juillet 2024, faisant suite à la dissolution de l'Assemblée nationale par le président Emmanuel Macron, les politiques sportives des partis n'ont jamais été mises en avant ou débattues lors des meetings ou dans les médias.

« Si quelqu'un se présentait à une élection sans avoir un propos sur l'éducation, la culture ou la santé, on le regarderait avec des yeux exorbités. Sur le sport, en revanche, ça n'étonne personne », ajoute Marie-George Buffet, qui plaide pour une loi d'héritage ambitieuse. Si celle-ci est bien dans les tuyaux, elle ne doit être discutée et votée qu'après les Jeux olympiques et paralympiques. « Or il faut au moins deux ans pour que les mesures législatives ou réglementaires produisent des effets, donc ça reporte l'héritage à 2026-2027, regrette Régis Juanico. Tout ce qui n'a pas été engagé aujourd'hui, au moment où la lumière est portée sur le sport, n'a que peu de chances d'avoir des effets concrets après les JO. »

Comme lors d'une campagne présidentielle, les cent premiers jours seront déterminants. À Tokyo, il y avait eu une période de flou dans la passation entre le comité organisateur et les instances destinées à prendre le relais. *Idem* à Londres ou à Rio. « Nous avons identifié cet écueil, et acté le legs de plusieurs dispositifs porté jusqu'ici par Paris 2024, au 1er septembre : les programmes "Terre de jeux", "1, 2 ,3, nagez" en Seine-Saint-Denis et "Impact 2024". On a créé, pour assurer la bonne coordination de ces dispositifs, une commission héritage où l'on retrouve tous les acteurs sportifs et Paris 2024 », indique Frédéric Sanaur, directeur de l'Agence nationale du sport (ANS), qui souligne que plusieurs dispositifs enjambent l'échéance olympique, comme le deuxième plan des 5 000 équipements sportifs et le plan pour l'emploi des jeunes dans le sport.

« Si quelqu'un se présentait à une élection sans avoir un propos sur l'éducation, la culture ou la santé, on le regarderait avec des yeux exorbités. Sur le sport, en revanche, ça n'étonne personne »

Deux engagements qui n'effacent pas totalement les incertitudes : après un budget record de 508 millions d'euros en 2024, quels seront les moyens octroyés à l'ANS ces prochaines années ? Les acteurs privés mobilisés financièrement pendant les Jeux continueront-ils à investir dans le sport en France ? Ces cinq dernières années, l'ANS a mobilisé 2 milliards d'euros dans le cadre des JO, en tant qu'opérateur du ministère, « un effort significatif et inédit par rapport au financement du sport en France », expose Frédéric Sanaur.

CONCLUSION

CONTINUER DE SE PRENDRE AUX JEUX

De la chevauchée cycliste dans Montmartre à l'escrime au Grand Palais, en passant par le beach-volley au pied de la tour Eiffel, les Jeux de Paris ont offert deux semaines de ferveur populaire d'autant plus inattendue qu'elles faisaient suite à des mois de conflits politiques et sociaux, qui ont laissé la France divisée et sans gouvernement. À Paris, les sportifs hexagonaux ont remporté 64 médailles dont seize d'or, un record historique. Surtout, les Français ont trouvé de nouveaux héros, à l'image de Léon Marchand, 22 ans, quintuple médaillé en natation, et redécouvert leur amour du sport. « On se voyait comme un peuple d'irréductibles râleurs, on s'est réveillés dans un pays de supporteurs déchaînés qui ne veulent plus s'arrêter de chanter ! » concluera Tony Estanguet, le président du Comité d'organisation de Paris 2024 (Cojop), lors de la cérémonie de clôture.

Les images de ces Jeux vont rester gravées dans nos mémoires un certain temps. L'euphorie, elle, va retomber doucement. Reste à savoir ce que les Français feront de ce succès. Conserveront-ils cet engouement ? Se mettront-ils davantage au sport ? Les financements seront-ils maintenus ? Espérons que les enseignements qui en découleront, eux, perdurent : ceux de services publics et d'un État mobilisés, d'entreprises investies, de fédérations sportives motrices, de bénévoles affables et supporteurs enjoués. « Après ce succès, un jour ou l'autre, sans doute, Paris suivra de nouveau l'exemple de Londres. Il faudra probablement attendre quelques mois avant que les gens commencent à s'interroger sur les dépenses considérables et à se demander "Où est donc passé l'héritage ?" », préfigure le *Times*, quotidien britannique, au lendemain de la cérémonie de clôture. Paris fera t-elle mieux que Londres, Rio, Tokyo concernant l'élan mobilisateur de ses Jeux ?

Ces Jeux auront probablement un effet sur notre culture sportive, sur l'image que ce dernier renvoie. L'implication croissante des entreprises en est un indice : le groupe de luxe LVMH s'est investi dans les JO en devenant sponsor aux côtés des banques, des hôteliers, des groupes de technologie, d'énergie ou de distribution. Des athlètes, valides et handicapés, jusqu'alors inconnus du grand public, sont devenus les icônes des plus grandes marques de mode, parfums, joaillerie, maroquinerie... Il sera intéressant d'observer si ce nouveau regard porté sur le sport par une partie des élites qui relèguent le sport derrière les activités intellectuelles et artistiques va changer les mentalités en profondeur.

FACE À UN TOURNANT SPORTIF

Pour tendre vers la nation sportive à laquelle nous aspirons, les solutions sont à portée de main. Les sportifs, chercheurs, chefs d'entreprise, acteurs du sport de cet ouvrage les ont identifiés : faisons de l'EPS une pratique fondamentale et du sport une matière valorisée. Rénovons les infrastructures sportives, dotons tous les territoires. L'Andes a estimé qu'un plan de programmation sur cinq ans de 500 millions d'euros annuels serait nécessaire pour assurer l'entretien, la rénovation et la construction des infrastructures. Incitons la pratique sportive de tous : jeunes, vieux, jeunes mamans, handicapés, étudiants. Soutenons les *sports studies*, les laboratoires de recherche et actons un plan d'urgence du sport à l'université. Investissons aussi dans la pratique du sport en entreprise - nous avons des décennies de retard par rapport à nos voisins européens. Proposons des installations sur nos lieux de travail, favorisons les déplacements dynamiques comme le vélo, autorisons les pauses plus longues en tordant le cou à l'idée reçue que le sport fatigue.

Rappelons qu'une activité physique régulière est le meilleur remède contre les maladies chroniques et la dépression, un vecteur de vivre-ensemble, et que, plus on commence tôt à le pratiquer, plus il est inscrit dans nos valeurs, nos habitudes de vie et notre culture. N'ayons pas peur de pointer du doigt le rôle crucial de l'État. La sacralisation du budget du ministère des Sports à 1 % du budget de l'État, contre 0,6 % comme aujourd'hui soit un peu moins d'un milliard d'euros, serait un premier pas vers une réelle prise en compte du sport. N'oublions pas la Santé, Bercy, l'Éducation nationale, qui ont également une part de responsabilité. Généralisons, par exemple, les parcours sport-santé, et prescrivons du sport ! Ces investissements coûteront toujours moins cher que de soigner nos concitoyens victimes d'une sédentarité galopante.

Chaque année, l'activité physique devrait être déclarée grande cause nationale. Soyons honnêtes : tout le monde ne se mettra pas en mouvement pour ressembler à nos champions olympiques. Leurs exploits encourageront indéniablement la pratique à court terme. Mais les autres, trop âgés ou moins sportifs, ne doivent pas être laissés de côté. Les programmes contre la sédentarité porteront leurs fruits dans cinq ou dix ans, à un moment où les Jeux de Paris ne seront plus qu'un souvenir collectif. Déjà, les financements concédés ces six dernières années au sport s'amenuisent. En début d'année 2024, le budget des Sports a perdu 50,5 millions d'euros et la loi de programmation des finances publiques prévoit une baisse des crédits de 130 millions d'euros en 2025 et en 2026. Face à ce constat, rappelons simplement qu'il suffit de trente minutes par jour pour réduire de 30 % les risques d'accidents cardio-vasculaires. Le sport n'est pas qu'une matière olympique, il est l'affaire de tous. À nous de jouer, bouger et gagner.

« À nous de jouer, bouger et gagner ! »

REMERCIEMENTS

Les auteurs remercient l'ensemble des personnalités ayant contribué à cet ouvrage : Béatrice Barbusse, Audrey Bergouignan, Marie-George Buffet, Axel Clerget, Michel Cymes, Guillaume Dietsch, Sylvie Ferez, Vahine Fierro, Marie-Amélie Le Fur, Chérif Ghemmour, Jean-Bapstiste Guégan, Nathalie Iannetta, Alexandre Jaafari, Alexis Jandard, Régis Juanico, Raphaël Leclerc, Thibaud Leplat, Thierry Moreau, Mathilde Plard, Hugo Pontais, Vincent Roger, Cédric Roussel, Frédéric Sanaur, Maxime Scotti, Diandra Tchattchouang, Stéphane Troussel, Yohann Vachette et Georges Vigarello.

L'éditeur remercie Vincent Roger, délégué ministériel en charge de la Grande Cause nationale, pour son concours et ses conseils avisés tout au long du projet.

CRÉDITS

p. 6-7 : Getty Images / Insidefoto /Contributor
p. 13 : IStock / ViewApart
p. 15 : IStock / SolStock
p. 16-17 : IStock / AzmanL
p. 19 : Getty Images / Anthony Dibon
p. 22 : Xfigpower
p. 24 : MAJA HITIJ / GETTY IMAGES EUROPE / Getty Images via AFP
p. 26 : Alex Broadway / GETTY IMAGES EUROPE / Getty Images via AFP
p. 28-29 : Getty Images / Bruno de Hogues
p. 38 : IStock / freemixer
p. 40 : IStock / agaliza
p. 43 : IStock / miljko
p. 50 : Getty Images / Alexander Heimann
p. 51 : Buda Mendes / Getty Images South America / Getty Images via AFP
p. 61 : David Ramos / GETTY IMAGES EUROPE / Getty Images via AFP
p. 62 : IStock / tamix115
p. 64-65 : IStock / leesznow
p. 66 : IStock / jane
p. 67 : IStock / Blulz60
p. 69 : Keren SU / China Span / Alamy Banque D'Images
p. 75 : IStock / freemixer
p. 78 : IStock / FG Trade Latin
p. 81 : André Ferreira
p. 84 : IStock / Miodrag Ignjatovic
p. 90 : Getty Images / Tim Clayton / Corbis
p. 92 : Getty Images / Loic Cousin / Icon Sport
p. 94 : Centre aquatique Olympique / DR
p. 97 : IStock / Livinus
p. 98 : Vélodrome de Saint-Quentin-en-Yveline / DR
p. 100 : Getty Image / Kyodo News
p. 102 : Charly TRIBALLEAU / AFP
p. 105 : Luke Hales / GETTY IMAGES EUROPE / Getty Images via AFP
p. 107 : Getty Images / Nathan Laine / Bloomberg
p. 111 : IStock/ miljko
P. 115 : IStock / Imgorthand
p. 116 : Istock / Christopher Ames
p. 119 : Aurélien Vialatte

#lisez! engagé
www.lisez.com
Pour plus d'information :
Imprimé sur du papier issu de forêts gérées durablement.

Photogravure : Apex Graphic, Paris
Achevé d'imprimer en octobre 2024
par Egedsa en Espagne
8205 Sabadell (Barcelone)
ISBN : 978-2-7491-8168-4
Dépôt légal : novembre 2024
N° d'édition : M18168/01